愛上今後的優雅生活

瑞昇文化

讓第二人生閃閃動人的食、衣、住、美容、花道

——前言——

為了教養下一代以及工作而忘情奔波的20幾、30幾與40幾歲。

被各種「該做的事」追著跑，

每天期盼著「擁有只屬於自己的時間」。

但一回過神才發現，實現願望的時期總算來到，

許多人或許會困惑「接下來該怎麼辦？」而裹足不前。

有些人會回顧之前的人生，

接著反問自己：「什麼才是像自己的生活方式」。

本書為了讓這些女性接下來的生活能過得更加豐富，
採訪了五位年屆40幾歲到60幾歲之間，
於「居住」、「時尚」、「健康與美容」、
「飲食」、「花道」這五個領域活躍的女性，
請教她們如何以自身專業打造專屬自己的生活風格。

石村由起子小姐讓我們知道在整頓居家環境的同時，
與具有魅力的事物一同生活是件多麼令人愉悅的事。
驅使她的原動力是「追逐夢想」的力量，
也是讓自己的喜悅與他人的幸福連接的人間力。

犬走比佐乃小姐除了提醒我們成熟風的時尚重點，
也傳授我們穿搭的祕訣。

犬走小姐之所以對於保守的穿搭方式施以當頭棒喝，
全因那股想盡情享受穿搭的心意。
島田淑子小姐則為我們講解美麗與健康的關聯性。
她運用東方醫學的智慧教導我們身心常保平靜的方法。
大原千鶴小姐則以她心目中的基本和食，
生動地描述了家庭料理的樂趣以及分段進行料理的重要性。
谷匡子小姐則讓我們了解蘊藏在花朵裡的能量以及與花朵接觸的愉悅。
她告訴我們，要插出魅力十足的花就必須讓自己的內心與身體都趨於平靜。

接受採訪的每一位女性都散發著毫不做作的氣質，也沒有作繭自縛的刻意勉強，
那份以真實的自己面對一切的姿態令人留下深刻的印象。
更重要的是，她們告訴我們，只有「一開始，先享受快樂！」的心情，
才是讓日常生活增添豐富色彩的原動力。

對什麼事物能由衷感到「快樂」呢？
這部分似乎藏著「今後活出自我的祕訣」。

從不同立場訴說的小故事之中，
藏著從今天開始就能模仿的建議，
以及那些即便有些難以立即實踐，
但卻會令人想一點一滴採用的想法，
都能讓每一天變得豐富，也蘊含著許多智慧。

這一切都是為了不辜負自己的人生，
也是為了一步步接近成熟的女性。
但願這幾位女性話裡的寓意，
能成為各位讀者向前邁步的契機……

住
Living

石村由起子 —— p.18

24 從看不見之處開始整理、打掃／28 任何空間都能井然有序／31 整理就是創造「美妙的間隙」／34 真有必要「斷捨離」？／38 宛如「神壇」的展示／40 領受庭院之惠／44 與創作者長期來往／48 靈活運用時間的家事技巧／52 與他人同感愉悅

Profile

1952年出生，目前是畫廊主人。1984年於奈良市開設咖啡與雜貨共存的店「核桃木」，1994年開設「核桃木 Fieldays 店」、2004年設立兼招待所、餐廳、畫廊性質的「秋篠之森」。2015年設立集觀光導覽設施、餐廳、咖啡館於一身的複合式設施「鹿之舟」，2016年於東京白金台的奈良縣在地商品直銷商店「時之森」裡製作與經營「LIVRER」。著作繁多，其高雅的生活型態也備受注目。

衣
Fashion

犬走比佐乃 —— p.58

64 黑與白的重點在於細微差別／67 適合成熟女性的藍色／70 重新檢視髮型／72 享受「替自己打扮」／75 選擇適合年齡與體型的褲子／77 選擇成熟風的丹寧服飾／80 透過高跟鞋展露的心意／84 訂出專屬自己的「服飾選購規則」／88 配飾的搭配祕訣／91 仔細地保養衣服

Profile

生於1956年，從文化女子短期大學部被服專攻科畢業後，進入SUN設計研究所服務。以時尚秀的造型師之姿，與國內外知名設計師共同企劃秀展。1985年成為自由造型師。除了替女演員設計造型，也從事時尚廣告、女性時尚雜誌的造型或是參加與時尚有關的講座或談話節目，在各個領域都非常活躍。著有《成熟時尚的精華　美麗的藍色讓妳年輕五歲》（講談社）。

美

Beauty

島田淑子

p.96

102 改善肌膚與老花眼的「刮痧」／107 刺激「腎經」，對抗老化／110 不是「抗老」而是「延緩老化」／113 更年期所需的「水、血」食材／116 打造不需要化粧品的膚質／119 改善不適感的「低糖質生活」／124 多吃發酵食品／127 培養正確的姿勢與走路姿勢／130 讓自己的生活充滿特有的快樂

Profile

於1966年出生，曾於針灸院服務與擔任沙龍美體師，之後進入資生堂美麗科學研究所服務。2006年於東京都內設立美容沙龍院，同時擔任院長。之後又開發改良自中國傳統療法的「島田流刮痧按摩」，也設立「日本刮痧協會」。2014年於北鎌倉設立「氣流LABO」，打造以東方醫學為基礎的生活型態。著有《刮痧按摩》（KK BestSellers）、《溫刮痧棒穴道治療》（永岡書房）以及其他著作。

食

Eating

大原千鶴

p.134

140 和食是合理的料理／146 「樣樣現煮」是在家吃飯才有的奢侈／149 料理是種創意／152 讓餐桌多點變化的料理道具／154 親自下田才懂的「食之真意」／157 辛苦一天後，晚上喝點小酒獎賞自己／160 食量由傾聽「身體的聲音」決定／163 正因上了年紀，所以穿上和服／167 住在京都的喜悅

Profile

於1965年出生，是位於奧京都花背的料理旅館『美山莊』的次女，從小就幫忙家業，磨練出一手好廚藝。結婚後，於京都中京區設居，一邊教養二男一女，一邊以料理家之姿起步。除了主持各地的料理教室，也為電視、雜誌與書籍撰寫新食譜，也曾於NHK BS黃金時段連續劇『京都人的祕密樂趣』擔任料理監修，在各種領域都有活躍的表現。著有《京都的三餐—請多指教》（文化出版局）、《冷掉也美味的日式配菜》（家之光協會）以及其他著作。

花

Flower

谷匡子 —— p.172

178 與植物接觸就能重獲活力／182 在狹窄的空間裡也能種植／185 先從一朵花、一種植物著手插花／188 這種器皿也能成為花器／191 可在家中何處插花？／194 贈花的喜悅／197 讓五感放鬆舒適的生活道具／200 喜歡日本的古董／204 日記是自我的反問

Profile

生於1966年，目前是名插花家。從五歲開始就學習插花，之後拜入栗崎昇、濱田由雅門下。1986年設立「doux工作坊」。一邊教養三男一女，一邊主持室內裝潢專賣店「TIME & STYLE RESIDENCE」之餘，還前往全國的店鋪進行花卉設計與婚禮製作，同時也於雜誌連載專欄。每個月會在東京目黑區的工作坊舉辦一次「賞花會」。著有《讓花綻放的引導》（誠文堂新光社）。

住

Living

石村由起子

Yukiko Ishimura

早在咖啡、生活型態專賣店這個字眼深植人心之前，石村女士已在奈良縣設立兼賣雜貨的「核桃木」咖啡館。這間位處偏鄉且又交通不便的店，對於重視生活的人而言，是一處宛如奇蹟般的場所。開店至今雖已31年，但石村女士仍往新的夢想持續邁進。

「核桃木」是在1984年7月開幕的，還記得那是我30歲時候的事。在那之前，奈良幾乎沒有讓女性順路繞去喝個下午茶或吃塊蛋糕的店。這間店開在距離觀光景點與車站都遠的地方，我也沒有經營店鋪的經驗。「為什麼要在這種地方開店呢？」我曾經被許多人如此質疑，開店之後，客人也是零星地上門，業績完全沒有成長，當時真的很辛苦，累到簡直快把身體弄壞。那看不見出口的每一天至今仍深深烙印在腦海裡。

不過，小時候祖父教我的那句「在石頭上也要坐三年＊」一直支持著我，而當我抱著「凡事盡力而為」的心情努力，慢慢地風向有所改變。客人對與核桃木這間店開始有所期待，蛋糕或午餐這類餐點也變得更為充實。

我不斷地為客戶尋找價美物廉的商品，也不斷地思考商品該如何陳設。為了讓每位客人能夠在店裡盡情放鬆，我在店裡擺放了一些符合季節氣息的花卉，也徹底打

＊在石頭上也要坐三年：日本俗諺，意即持之以恆才得以開花結果。

「核桃之木」與「秋篠之森」都離市中心有點距離，而且綠意盎然的景色也都令人印象深刻，不過每棵樹都是石村小姐與工作人員一棵棵親手栽植。這兩處地方總是隨著四季的變遷展現不同的風貌，自成一處清新宜人的空間。

掃店裡的環境。在一點一滴的累積之下，慢慢地，越來越多顧客願意上門光臨。這間小店就在顧客們的扶持下，持續經營了30幾年。

很久以前，我就是腦海裡會自然浮現「我喜歡這類東西」、「我想要那些東西」、「我想去這種地方」的人。不管是「核桃木」，還是1994年開幕的「核桃木Fieldays店」（由於土地有租賃期限，已在2007年關店），或是2004年開張的「秋篠之森」（集旅館、餐廳、藝廊、商店於一身的複合式設施），都是以想與這些土地邂逅，「我想要在這個場所開店，我想要這樣的空間」的強烈念頭為出發點。當想像越明確，決定的速度就越快，想法也越快具體成形。

我覺得「明天把開在庭院的花插在喜歡的花瓶裡」、「在店內的牆壁釘個新的架子」這類日常瑣事或工作上的靈機一動都是「夢想」。光是晚上躺在床上想像這些事就讓我興奮不已，也迫不及待天亮的到來。這些「夢想」就是我往明天前進的原動力。店內的感覺也是這些「夢想」的集約。一回過神來，我才發現因為一直「熱衷於追逐夢想」（這也是我的書的書名），才能走到如今這個地步。

從看不見的地方開始整理與打掃

有可能是因為經營生活雜貨店的關係，連我家也常有機會登上雜誌或書籍的頁面。每當接到這類工作，免不了會仔細打掃家裡，免得失禮於人，不過，我總是從收納櫃內部這些看不見的地方開始整理。就算不會拍到收納櫃的內部，但這麼做之後，心情會跟著變好，房間裡的氛圍也有了意外的轉變，同時也會湧現「我已經盡力了，所以一定沒問題」的自信。

這跟「把工作桌面整理乾淨，不僅能使工作效率提昇，也對工作充滿自信」的道理應該是一樣的吧！話說回來，每次打開冰箱門，我總會不經意地查看冰箱裡有沒有過期的食材或是有沒有髒亂的收納盒。即便是食材，我也花心思地擺放成如同展示般的整齊。我不是為了要秀給別人看才這麼做，但這麼做的確比較方便取用，料理的時候也比較快樂。

所謂「收納」，不就是像料理的「事前準備」一樣嗎？也就是將食材切成一樣的大小、事先汆燙或是撒鹽醃製這些步驟。一如用心於事前準備，料理就會變得美味般，用心於收納，就能打造出獨具魅力的室內裝潢。因為很多東西都收在正確的位置裡，所以裝飾品才會變得閃閃動人。

可以在附有門扇的餐具櫃裡花點心思設計擺放的方式，例如將木製的餐具整齊地放在玻璃水罐裡，或是將木製的斑馬或作工精細的馬雕像放在玻璃杯裡，這都能讓自己變得更加開心。一聽到收納，許多人都是將心力投注在該如何有效率地收納東西這點，但我寧可優先保留適當的留白，打造方便拿取的空間。如此一來，器物的心情似乎也會變得愉悅，心情上，也會隨時想把器物收得整整齊齊吧！

反觀將器物收在那些常會映入眼簾的開放式棚架時，不妨將白色的器皿、木製的器具或是玻璃製品這類材質相同或分類相近的器物擺在一起。如此一來，數量再多也能整理得整齊清潔，看起來也不會很煩躁。

此外，客廳的「茶具」、「咖啡器具」、「小盤子」、「餐具組」也可分門別類地整理成一堆，以便客人或工作人員來家裡的時候，也能自行取用這些器物。若想直接將這些東西擺在桌上，先放個托盤再將東西放上去則是收納的重點。

打開客廳裡的餐具櫃，內側就像是門市裡的展示區一般整齊。大盤子當成整理小盤子的托盤使用，動物造型的雕刻品則當成重點裝飾，我很享受這種小小的巧思帶來的樂趣。

年輕時，家裡常有一大群人來作客，所以有一段時間覺得室內裝潢就是一種「展示品」，當然，那種室內裝潢也別有一番趣味，但隨著年紀漸長，自己住得開心變成最重要的事，所以才會發現，把那些不會攤在別人面前的地方整理得乾淨舒適，也能自己的內心變得豐潤。

工作人員每週都會為了討論事情而來家裡一次，所以把小盤子、杯子這類的器具擺放在方便拿取的位置。如此一來，不管是事前的準備還是事後的收拾都會變得流暢許多。

任何空間都能井然有序

年輕時，拼了命站著工作，導致雙腳長期以來疼痛不已，走得距離稍長就覺得辛苦，為此，心情也很煩躁。於是在兩年前聽說北海道有不錯的醫院之後，就下定決心「從根本治療！」，也因為手術與復健在醫院度過了九天的治病生活，這也是我有生以來首次住院。

30年來以工作為生活的我，實在很久沒有體會這種時光的流逝。雖然只是風景平凡的病房，花點心思擺花裝飾，或是選用自己喜歡的毛巾以及餐具，都能讓病房的氣氛煥然一新。來巡房的護士們也讚嘆地說：「像這樣裝飾得漂漂亮亮，真是讓人心神愉悅呢」。雖然只是做了些平常在家或在店裡就會做的事情，但聽到如此讚美還是很開心呢。住院固然是掃興的事，但讓周遭的環境稍微變得漂亮一點，也讓自己的心情變得開朗一些。

小時候，擔任教職的父母親總是不在家，所以我與奶奶總是一起待在家裡，度過漫長的一天。奶奶很善於料理，是位能把田裡種的蔬菜以及院子裡樹上的水果做成料理的人。而且每道料理都很漂亮。就連切好的蔬菜，也會整整齊齊地排在淺盆子裡，以備後續料理之用。擺盤也一樣，她會摘一些院子裡的樹葉充當裝飾，總之絕不會忘了處處用心這個道理。

孩提時代的我每次都興奮地大喊「奶奶妳好厲害！」而看著如此興奮的我，奶奶也會微笑地說：「小雪，漂亮吧？看起來很賞心悅目吧」。從此，「美麗的東西非常賞心悅目」的價值觀就深植在我幼小的心靈裡。

只要活得夠久，就會遇到很多事情，有些會讓人覺得辛苦，有些則讓人覺得沮喪，也有很多事情會讓家裡亂成一團。即便是這種情況，試著把餐具櫃或桌上這些伸手可及的小空間整理得漂漂亮亮，應該也很不錯吧？經過整理之後，整個空間或許會變得賞心悅目，心情或許也能稍微明亮點。

如此整理好的空間或許會成為讓生活為之重振的契機也說不定呢！

一走進玄關，立刻映入眼簾的細長空間就是石村小姐的工作室與準備室。一回到家，就把包包裡的所有東西拿出來，並將隔天要帶出門的東西像這樣排得整整齊齊。包包的內容物也很有石村小姐的統一風格呢。

整理就是創造「美妙的間隙」

到底是為了什麼才需要整理的呢？整理可讓各種動線變得流暢，家事與工作也更容易進行。一旦行動變得順暢，生活就會變得舒適，一旦變得舒適，做什麼都會快樂，效率也自然會跟著提昇，心情也會因此變得很好，然後就又想整理……「良性循環」就此誕生。催生如此「美妙的連續反應」的第一步，應該就是打掃與整理環境。

話雖如此，我不是那種「凡事都要做得徹底」的人。每天一早就得出門，巡視每間店之後，還得與員工或客戶開會，也得經常出差，在家裡還得操持三餐與洗衣服這些家事，所以要每件事做得盡善盡美是不太可能的事。我盡可能不讓自己被「非得如此不可」這句話束縛，所以就連做家事的時候，也盡力將「這麼做會讓自己開心」、「會讓自己心情變好」的心情化為動力。不管多忙，把環境整理得乾乾淨淨還是很讓人開心的呢！

看著員工們我常這麼想：「帶著小小孩生活的媽媽們真的很偉大呢」。在養育小孩最忙的時期裡，整理居家環境、享受室內裝演的樂趣，恐怕都會變成是第二順位的事吧！不過，那期間就那樣子也沒關係。畢竟沒有任何工作比教養小孩更重要。只不過，一旦過了最忙碌的時期，稍微能騰出一點時間留給自己時，不妨為了自己動手設計房間吧！

我一直覺得整理就是「創造美妙的間隙」。不管做什麼事，留白都很重要。我也一直覺得，整理出來的間隙裡住著「神明」。會有這種想法或許是因為我住在奈良這種日常生活隨時就能看見寺廟的地方吧！舉目所見，身邊這些和藹的料理家與工藝師傅真的有很多都是「愛好整潔」的人。而且喜歡整潔、喜歡整理環境的朋友們也都一副「運氣很好」的模樣。

時常聽到好好打掃與整理環境就能夠招來好運的說法，但是若想成：「好好打掃，就能將守護自己的神明迎到整理之後的空間裡」，是不是就會更想整理與掃除呢？一早起床時若能湧現「想要打掃」、「想要整理」的心情，好運肯定會是囊中之物。

樓梯的兩旁牆壁也是掛著鍾情小物的展示空間。坐在沙發上稍事休息的時候，這些小東西掛在與視線同高的位置。朋友送給我的風景明信片與 DM 都以紙膠帶貼好，作為室內裝潢的重點之一。

真有必要「斷捨離」？

這幾年來，「斷捨離」這個字眼已深植於一般大眾腦海了吧？捨去多而無用之物，為生活引入新氣息的確是件好事，但這句話的根本在於要對任何物品放手，這不禁讓我疑惑「這到底是怎麼一回事？」

讓我以器皿為例。我記得是在高中左右對器皿產生興趣。這40幾年來不斷地購買與收藏，讓我手邊的器皿多到難以全部收納在餐具櫃裡。有時腦海會興起「差不多該把部分整理掉了吧」的念頭，而把它們拿出來看看，但是隨即又想起與這些器皿交纏的過去，忍不住又把它們放回去。一點也不誇張，我真的記得與每件器皿相遇的過去喲！

物品不僅僅是物品，它們會把物質與「某種回憶」一起帶到面前，例如回想起相遇之際的驚喜與拿在手上、擺在桌上的快樂。

若是輕易放開它們，會讓我覺得「人生的厚度」就此變得輕薄，也會有點落寞。

若能對手邊的每件器物付出心意，經常使用它們，把它們收在適當的位置裡，或是略做裝飾，讓它們重獲新生，我真的覺得這些器物是不嫌多的。能對多少器物付出愛？這得看每個人的承載力，我覺得手邊只要留下自己所能負擔的數量就很足夠。如果已經留下了足夠的器物，卻還是覺得「想減少一些東西，讓生活變得更快意」，不妨先行分類，別一口氣割捨所有器物，等過一陣子之後再判斷哪些是不需要的東西。

順帶一提，我因為工作關係，也為了體驗店內商品的使用感與順手感，每天都在接觸許多器物。只有在與客戶擁有相同的感受時，才能明白什麼是「正確的價格」以及「哪個部分較有魅力」這些事。為了將這些物品在年末的忘年會讓給員工們，我會將它們妥善地收納在箱子或籃子裡。我希望讓年輕人也有機會接觸許多「好東西」，磨練出鑑別好壞的眼光。

有些人選擇的是「不執著於物質的幸福」。我覺得這也是一種很棒的想法，只不過我選擇的是「與器物一同生活的幸福」與「對器物澆灌愛情的幸福」而已。在我心中，這兩種想法沒有高下之分，兩邊都值得一選。

忙碌的一天總算告一段落。在晚酌的時間裡，我常看著每個鍾愛的酒器，煩惱著「今天該選擇哪一個呢？」 這個問題。這種「挑選的快樂」也是生活中的重要元素，而且每個都是情有獨鍾的寶物。右側為熱酒專用的酒器，左側則是冷酒專用的酒器。

不管是讓給員工的器物，還是準備拿到跳蚤市場拍賣的器物，我都會統一放在籃子裡收藏。珍惜手邊的東西，放手的物品就快速地送到新的使用者手上吧！這種循環會為器物帶來新生命。

宛如「神壇」的展示

從旅行地點帶回來的伴手禮以及不經意逛到某些店時，一見鍾情的器皿與道具。在收納這些遠道來到我家的東西之前，我總是會把它們擺在「隨時瞄得到的位置」當做裝飾。以前的人會把中元節、過年前客人送的禮物擺在佛壇或神壇上，過了一陣子之後再開封，而我之所以把器皿或道具當成裝飾擺著，也是同樣的感覺。

我家擺放這些器物的地方就在客廳那個丹麥製的收納櫃上。當我回到家裡，從玄關往廚房走去時或是從一樓走上二樓時，舉凡在家裡的各種活動，都一定會經過這個收納櫃，所以也會很自然地注意到這些器物。每次心中都會泛起「我果然好喜歡這些東西，當初有買下來真是太好了」、「它們真的好可愛啊」的想法，也自然對這些器物抱有敬意。說也神奇，在經過一段時間之後，這些東西與家裡的氛圍融為一體，即便放在既有的器物旁，也無一絲格格不入之感，我很慶幸它們願意成為家裡的一員。對某些人來說，將東西刻意放在固定的地方或許是件毫無意義的事，但對我來說這是一項非常重要的儀式，因為我很喜歡這些邂逅之餘得到的器物。

這天石村小姐在收納櫃上方擺放了金工作家長谷川mami小姐的作品，也在一旁擺放了水、一小盆鹽與花。每當經過收納櫃前面，她總是會拿在手上把玩與欣賞，然後再擺回去。石村小姐對待物品的態度真可用「灌溉愛情」這個字眼來形容。

領受庭院之惠

由於自小在四國高松那四處都是稻田的大自然成長，所以與花花草草一起生活是理所當然的事。我是習慣早起的人，每天早上大概在四點半～五點之間起床，只要不下雨，就會走到庭院裡照顧花草們，作為一整天的開始。院子雖然細而狹長，但還是種了許多鍾愛的植物，例如藍莓、五葉木這類會結果實的樹，或是野薔薇、吊花、聖誕玫瑰這類開得楚楚可憐的花卉，讓我一整年都有機會與花草為伍。也因為這個緣故，自家與店面的室內裝潢總少不了紅花綠葉。以花草作為裝飾的祕訣或許就是「不要太做作」這點。我喜歡在大自然之中綻放的花朵，把它們剪下來裝飾時，總是希望它們還像是活在大自然裡的模樣。

除了院子之外，我還有一處可以接觸植物的地方。那就是佔地面積達一千坪之廣的「秋篠之森」。這裡原本是併設藝廊的民宿，附近就是「秋篠寺」這座祭祀著守護技藝之社的伎藝天。由於位處高台，自古就被竹林所環繞，靜謐而神聖的空氣感

這是地錦爬滿窗邊的模樣，也是「核桃木」三十年來不變的景色。一到秋季，日漸慢慢染上秋紅。「秋篠之森」的室內裝潢所不可或缺的就是「果實酒」。從自然素材抽取的美麗色澤，也有助於保護視力。

我很喜歡老舊的日本製玻璃，也常拿來當成花瓶使用。插花時，沒有特別的規則，只是想像著它們在大自然裡應有的姿態而已。

石村小姐提到，比起花枝招展的花卉，綻放於田野的質樸花草更能令人心神舒展。雖是西式格局的房間，卻增添了些許表徵日本人心思的裝飾。

也是其魅力所在。因著這裡的綠意盈然，「秋篠之森」於是於2004年七夕誕生。

當時我已年過50歲。那是一次這年齡完全意料之外的邂逅。一直眺望著這片土地的時候，「若是在綠意環繞的空間裡，能有座小小的旅館那該有多好？」、「充分運用能眺望美麗風景的大型窗戶蓋餐廳一定很迷人」這類想像就陸陸續續浮現。我想善用這處場所的潛力，蓋出無可比擬的舒適空間。當這個想法產生，內心深處也開始湧現能量。當時從零開始「造林」。每週都去園藝專賣店購買樹苗，堆在車上後運回這裡，再以自己的方式種植。我種了夏柑、藍莓、六月莓、鐵線蓮與瑞香花。體力上雖然吃重，但喜好大型植物的我光是夢想著造林之後的景象就興奮不已。在一開始的2～3年裡，客人常問：「森林在哪裡？」，我只能頭低低地解釋「再過不久，就會長成一片森林…」。還記得是經過五年左右吧，這裡突然就成為名符其實的「森林」，如今到訪的每位來賓都會開心地說：「待在這裡，就能深呼吸了」、「一走進這裡，彷彿走進另一個世界」。不管是居家還是店裡，都能從這片綠意領受多到滿溢出來的恩惠。

與創作者長期來往

「秋篠之林」一處名為「月草」的藝廊，主要展示與銷售的是各方創作者手工打造的生活相關道具。在設立此處藝廊之前，我也曾在「核桃木」銷售生活工藝作家的作品，也曾開放自宅的一處角落，作為藝廊經營的空間。當時的我每天走訪全國各地作業的工房，觀察作品誕生的現場與熟悉作者的為人。

不可思議的是，至今仍與當時認識的這些作家有所來往，例如赤木明登先生、內田剛一先生、安藤雅信先生、三谷龍二先生、岩田圭介先生、小野哲平先生、辻和美小姐⋯⋯，其中也有從「核桃木」創立之初開始來往超過30年的朋友。在漆成藍色的椅子上印有「核桃木」的招牌就是開店之後的第三年，由三谷先生製作的作品。歷經風吹或雨打，這塊招牌都守護著核桃木這間店。

對我而言，作品與作者的人品是劃上等號的，能做出讓人感嘆「啊～這真棒」作品的作者，人品也毫無例外的具有獨特魅力。他們都是我所鍾情的作者們。我為能與他們一起變老而欣喜，也因為雙方家族成為世交，所以就如親戚般親近。長時間相處後，我已能透過他們的作品發現到「啊，已經能做出這樣的作品了啊。」、「現在是抱持這種想法啊」，那給了我一種新鮮的喜悅。

各位讀者若有「喜歡」的作家，不妨去參觀對方的個展，然後隔年、再隔年持續參觀，以長期守護作家「創作人生」的心態守護這些作家吧。這麼一來一定能更深入地觀察這些作者，也會對手上的作品產生更強烈的喜愛。

與作家談話之後才發現，他們每個人都有「現在的自己最喜歡這個」、「第一次作出這種形狀的作品」、「第一次使用這種素材」以及「想在這次的展覽讓大家看到這點」的心思。如果能在作家在現場的日子參觀個展，就有機會直接聽到作家們的這類心聲，所以若在現場看到作家的身影，請務必與他們聊聊天。能夠了解作家「當下」的感受是一件非常快心的事。如果剛好沒遇見作家，不妨與藝廊的工作人員多聊聊，一定能聽到更多有趣的故事。

圖中是於長野縣松本市定居的木工設計師三谷龍二先生的作品。右側是 20 年前購入的橡木酒杯。前幾天找到相同的東西，才剛購買新品而已。左側是最近剛購買的杯子，表面是以擦拭生漆的方式上漆。長期使用之下會讓作品更有味道。

圖中是於石川縣金澤市定居的玻璃工藝家辻和美小姐的作品。十幾年前購買的「HORIHORI」經典系列蕎麥沾醬杯（右）與最近購得的色玻璃作品（左）。「時時進化，持續挑戰的態度令人感動」。

靈活運用時間的家事技巧

每天早上五點起床，做完家事與照顧動物們後，七點就先到「秋篠之森」上班。接著與工作人員們聯絡，九點出發至「核桃木」。在中午之前就先完成一堆工作。之後先回到家裡吃午餐，下午再回到「秋篠之森」工作。晚上七點左右回家。晚上偶爾需要開會與聚餐，每天也過得十分忙碌，所以一直都在思考能有效完成家事的方法。

有時當然也會告訴自己「因為沒有時間，所以只好放棄」，但這一切只是藉口，拖拖拉拉只會讓一切錯亂，而放棄自己想做的事總會令人難過。因此，我常想著以「逆推」時間的方式訂立全盤計劃，思考「今天下午八點要邊喝最愛的日本酒，邊吃晚餐」、「十天之後去金澤出差時，要與朋友見面」這類大大小小的目標。為了讓這些目標得以實現，我養成了隨時思考待會該做的事情，然後盡可能提早行動的習慣。早上就把午餐或晚餐要用的蔬菜就先切成絲、蒸熟或是放進儲物罐裡。先量

可疊放的透明儲物罐就放豆類，舊玻璃瓶與作家手工製作的玻璃容器就存放果實酒或較耐放的食物。怕潮溼的道具與大蒜就掛在牆上。廚房用具的挑選條件就是簡單、美觀與實用性這幾點。

SHED

這是在「忙得不可開交的日子」裡，由石村小姐準備的菜色。使用份量適中的咖哩時，也不會忘了附上鹽漬小黃瓜這點巧思。

好一次要煮的米量，再將它們分裝在較小的容器裡。如此一來，就算只有5分鐘、10分鐘這麼短的時間，也能完成很瑣碎的家事。如果因為一些努力或是時間的分配得宜而多了一些從容的時間，那麼這些時間都算是「賺到的」，而這些賺到的時間可用來盡情的放鬆或是作一些令自己開心的事情。

如果沒力氣煮飯或是不想煮飯，我就會想到使用店裡賣的東西。不過，一旦把色澤鮮明的檸檬切片或香草擺在喜歡的餐具之後，我就沒辦法「偷懶」了。此外，平常就可以張開高級食材的搜尋雷達喲。

越是因為忙碌而無法煮飯的日子，越是需要這些「開封時，會讓人心神愉悅」的食材來獎勵自己。這種特別的感覺比偷懶之後的悔恨感更為強烈，也會因此湧現「今天吃了這項食材後，明天就要繼續加油喲！」的心情。

這是石村小姐的好幫手。石村小姐常備有與食材快速拌一拌，立刻做出一道美味料理的調味料與好吃的咖哩。

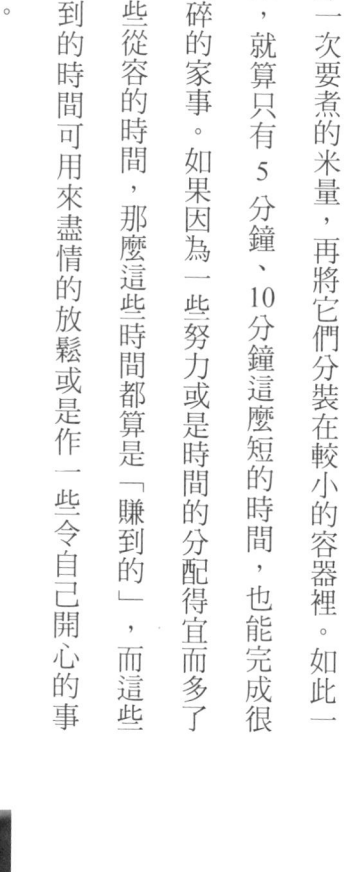

與他人同感愉悅

「核桃木」或是「秋篠之森」都沒有擺我的「辦公桌」。我與工作人員在開店前討論時，總是坐在客人的座位環視店裡的環境。坐在這個位子可以看到很多東西，看看店裡的雜貨與植物們有沒有擺設妥當，店裡的每個角落是否已打掃得乾淨舒適，工作人員的動線是否需要變動，我總是抱著顧客的心情反問自己這些問題。每逢被問到「從事這份工作30年的原動力為何？」，我總是回答：「因為我想看到客人開心的表情」。不管工作多麼辛苦，身體多麼疲累，只要聽到客人說：「好好吃喔」、「感謝這裡讓我們度過美好的時光」、「我還會再來的」，就會覺得努力是值得的。

回顧我的人生才發現，每逢十年就是一次轉折，這真是不可思議。30幾歲時創立「核桃木」，40幾歲時開設「核桃木 Fieldays 店」、50幾歲時又設立了「秋篠之森」。在人生道路上持續奔跑30幾年的我，居然在年屆60歲時，還有機會挑戰新事物，這

每天早上到辦公室後，石村小姐會坐在桌子旁邊，而工作人員們會在石村小姐的面前排成一排等待工作指示。工作指示包含新菜色的試吃、活動的細節確認、海報與DM的設計確認，而石村小姐總是站在客人的立場下達這些工作指示。

「核桃木」開店之初，常有客人帶著小孩或孫子光臨 。「這間店在我心中很特別」，之所以在全國各地都有抱著這種想法的客人，全是因為石村小姐與工作人員那從不間斷的努力與熱情。

真的是做夢都沒想過的事情。

所謂的新挑戰，就是2015年11月於當地，也就是奈良設立的觀光導覽設施兼食堂與咖啡館的「鹿之舟」，以及2016年1月於東京白金台設立的奈良縣土產直營店「時之森」裡，設計與經營介紹食材、生活用品、奈良逸品的「LIVRER」。我們設立這兩處設施的目的在於希望更多人體會奈良的魅力，與我們過去從事的工作相較之下，這次是規模更大的嘗試。創立這兩處地方等於得冒更大的風險。

為了實現自己的夢想，過去的我總是不顧一切地往前跑，但過了60歲之後，我由衷地覺得「或許是時候為了接納我、支持我的奈良做一些事了」。我到了這年紀才明白如果能讓別人獲得喜悅或幸福，幸福也一定會降臨在自己身上。所謂的幸福，就是一種循環，人類就是一種在努力讓某個人綻放笑容的同時，自己也會跟著變得幸福的生物。

讓我感到幸福的元素

為了慶祝「核桃木」創立30周年，全體工作人員送石村小姐一隻橫斑鸚鵡。由於牠是在雨季出生，所以替牠取了「小美雨」這個名字。每次聽到牠那溫柔而清澈的叫聲，心情也跟著和緩下來。

圖中是朋友聯絡石村小姐，希望她養的玩具貴賓犬，牠的名字叫做小核桃。過去曾因愛犬過世而難過不已的她，在第一眼看到牠的同時，心傷彷彿痊癒了，而牠現在也已是她的愛犬。

因為腳部手術住院時，全體工作人員寫給我的小卡片。這些充滿感情的訊息正是石村小姐受到眾人愛戴與信賴的證據。

石村小姐也擁有綠手指，她很擅長讓酪梨從種籽開始發芽長大。「秋篠之森」的餐廳「 齊菜」就種了棵挺拔的酪梨樹，專門負責迎接客人。

每到海邊，石村小姐就會把被海浪拍打上岸的玻璃片「海玻璃」撿起來，收集在造型典雅的日製玻璃瓶裡。圓潤柔和的光澤也是那一段段快樂回憶的積累。

衣

Fashion

犬走比佐乃

Hisano Inubashiri

犬走小姐除了得到多位知名女演員的信賴與指名之外，也協助多本足堪代表日本的時尚雜誌創刊，在漫長的30年造型師生涯裡，累積許多輝煌的經歷。其涵養的祕密或許就藏在那優雅且難以撼動的美學基礎以及廣泛且又柔韌的時尚天線裡。

生於東京、長於東京。或許是受到熱愛洋裝的父親影響，從小就喜歡時髦的東西。看了小時候的照片才發現，明明是幼稚園的運動會，身上卻穿著Bottom-Down襯衫搭配百褶裙，或是受到美智風潮的影響而穿著V領毛衣的網球裝。當時只是個小鬼的我，「想這樣穿！」的意志似乎很堅定。高中時期《anan》創刊，我也受到很深的影響。我十分嚮往原由美子小姐的時尚風格，還記得某次原小姐穿著便服出場，但還是非常美麗。白色T恤搭配深藍色V領喀什米爾毛衣，再配戴一串珍珠項鍊。雖然簡單隨性，卻散發著高雅的氣質。我心中的價值觀就是在那時候開始形成的。

高中畢業後，我說「想要學習做洋裝」而進入文化女子短大就讀，在短大畢業之後，得到文化短大的恩師介紹，有機會從事時尚秀的工作。高田賢三、聖羅蘭、克里斯汀迪奧，剛出社會就有機會協助這些一流人士的工作，成為我日後莫大的資產。1985年成為一名獨立工作的造型師。因為在富士電視台『戀愛總動員』裡擔任小泉今日子小姐的服裝師，之後開始有機會負責許多女演員的服裝設計，也有機會參與《Oggi》、《Precious》這兩本雜誌的創刊。雖然一路上得到許多貴人幫助，這份工作才得以持續至今，但能與許多人長期來往，更是令我開心的事情之一。

在長期從事時尚相關工作的過程中，我最常想的就是「打扮」的重要性與趣味性。最近服飾也出現了西化的現象，除了變得越來越隨性之外，國高中生連去學校也習慣畫濃妝，讓我不禁覺得，所謂「合宜的服裝」似乎已漸漸被淡忘。對孩提時代的我而言，銀座的「三越」與日本橋的「高島屋」這些百貨公司就是夢幻樂園，穿著「出門專用」服裝去百貨公司也是件非常特別的事。

幾年前有機會與一直很照顧我的女演員一起去香港旅行，記得當時為了晚餐特別換上小禮服與高跟鞋，結果被稱讚「這樣穿好漂亮」，適時適地換上「好衣服」是件非常快樂的事，某種程度這也是一種社會禮儀。有過這類經驗的女性更應該將這些事情傳授給年輕人，而就某種意義來看，女性不管到了幾歲，都應該把自己打扮得時尚一點。

正因為這幾年穿的人越來越少，所以犬走小姐才每次每次呼籲「女性也能穿夾克」。有時候也可以穿成圖中這種雙排扣加背心的搭配。「硬版的夾克有時反而能突顯女人味」。

黑與白的重點在於細微差別

過去曾有一段只穿黑色服飾的年輕歲月。除了是因為單色調的搭配方式不容易失敗，黑色的基礎色讓我很容易挑到具有一致性的配件，也帶來不少安心感。由於黑色屬於「強勢」的顏色，所以我藉用顏色的力量，掩蓋了自己資歷尚淺的事實。不過，在某個時期之後我突然發覺「我似乎不再適合穿黑色」，所以就儘可能不穿。起因就是在過了40歲沒多久，我穿著黑色套頭毛衣拍證件照時發生的事。我的臉龐再也不像年輕時那般緊實，臉頰到下顎的線條已變得模糊，此時旁邊襯上呆板的黑色，讓我覺得這種搭配「好土」。「洗練」與「樸素」雖然只有一線之隔，卻是兩種完全不同的風格。年輕時覺得很「洗練」的黑色，也隨著年齡增長而變得「樸素」，變成是一種強調「老化」的顏色。

如果想要穿上黑色的服飾，就必須特別注意素材的質感與設計，例如通透的絲質素材以及具有立體感的蕾絲與刺繡都是不錯的選擇。百褶裙或褶襉裙也是上選。總

燙得硬挺的白色襯衫能讓容易變得模糊的臉部線條更為清晰。散發著若有似無光芒的金色鈕扣也是很推薦的配件。濃得接近黑色的深藍色是讓正式服裝顯得更為端正的可靠幫手。

之，當你覺得黑色很沉重時，就是時候從「黑色底色」的搭配畢業了。我用來取代黑色的是深藍色。深藍色不若黑色沉重，也是很適合黃種人穿搭的顏色。

白色與黑色一樣，在選擇時都需要格外注意。白色常被當成是中性色，但白色分成很多種，例如偏黃的白色、略顯灰色的白色，而熟女們該注意的是偏藍的白色。若是穿在暗沉的膚色上，臉部就會顯得蒼白。成熟女性在挑選白色時，建議挑選毫無色偏的純白色。有時也可視膚質選用帶有溫度的灰白色。總之重點就是站在鏡子前面仔細端詳後再冷靜地選擇。

至於那些彷彿重覆洗過的棉衣的白色就讓給年輕女性（有些人也很適合穿這類衣服，但這些人不是上了年紀仍能呈現卓越風格的人，就是五官長得很有個性的人，或是原本就散發著光芒的人，所以只適合熟知時尚的人穿搭），建議大家選擇顏色濃郁的銀色，即便要穿棉質的衣服，也建議選擇硬挺的材質。遺憾的是，上了年紀後，肉體會逐漸衰老，也會慢慢地失去象徵年輕的「清新感」，但還是能透過穿搭彌補。我認為這就是時尚的力量，也是樂趣所在。

適合成熟女性的藍色

2014年發售的著作的副標題插入了「美麗的藍色讓人看起來年輕五歲」這句詞彙。一如字面意義，對熟女而言，藍色是非常值得信賴的顏色，即便是用來取代黑色的基本色，我也常推薦藍色或深藍色。不管怎麼說，藍色的魅力就在於「清新感」。即便是稍具玩心或設計奢華的服飾，都不會過於華麗，也不會有損格調。

與其他顏色相較之下，藍色的種類更多，也因此更具魅力。薩克森藍搭配寶石藍、土耳其藍、印度藍，而日本服飾店在藍色系列的產品也比較豐富，從中應該能輕易找到適合自己膚色的藍色。

我很喜歡深藍色搭配藍色這種漸層搭配方式，例如絲質的上衣搭配純羊毛外套與丹寧褲，這種透過材質創造變化與立體感的方式，能讓整體的搭配顯得更成熟與高雅。有機會請各位務必試試看。

犬走小姐鍾愛的「藍色配件」。高飽和度的皇家藍與海水藍最適合與稍稍偏黃的膚色搭配，尤其在臉部周圍搭配明亮的藍色，可更營造讓眼睛為之一亮的年輕氛圍。

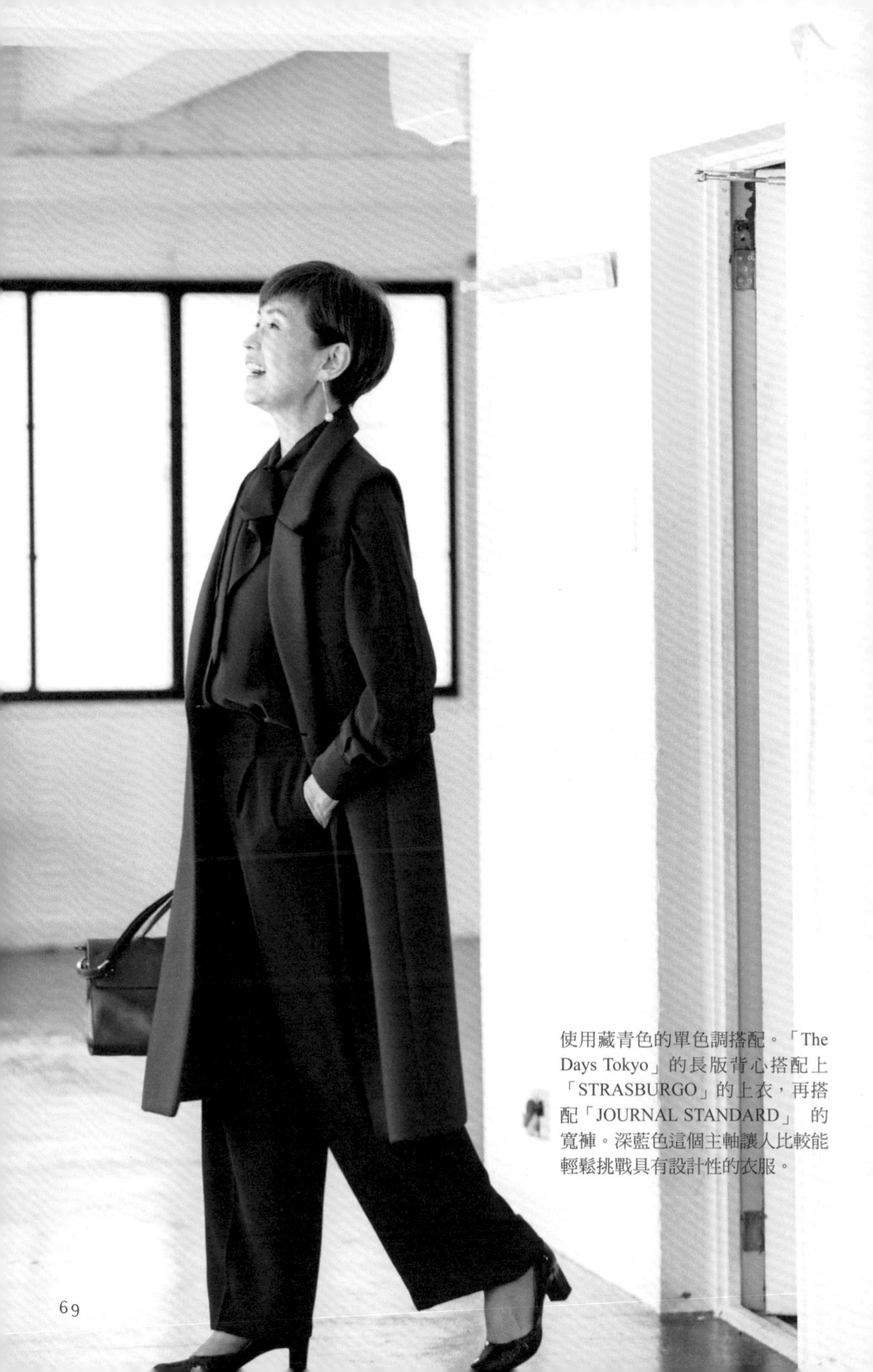

使用藏青色的單色調搭配。「The Days Tokyo」的長版背心搭配上「STRASBURGO」的上衣，再搭配「JOURNAL STANDARD」的寬褲。深藍色這個主軸讓人比較能輕鬆挑戰具有設計性的衣服。

重新檢視髮型

可能有許多朋友覺得30幾歲到40幾歲這段時間都在忙著帶小孩與工作，「根本無暇顧及自己的打扮是否符合時尚」。而這些朋友到了50歲，稍微有些自己的時間之後才發現「年輕時代的衣服已不太適合自己」、「不知道自己該穿什麼衣服」，所以不知所措地跑來跟我商量。我知道她們想問的是：「該買哪種衣服才對」，但我常回答：「要不要試著先改變髮型呢？」。

我曾在某個電視節目的「太太大變身」擔任造型師。節目的流程是請一般的女性先展示自己平常的穿著，再由我為她們提供適合的穿搭，但我常常會說：「先從改變髮型開始」，請她們先去一趟美容院。女性上了年紀後，頭髮將不再茂密，頭髮的分線也變得更加明顯，這也強調了五官的衰老，而且，要是髮量已經減少卻還留著長髮，會變相給人一種窮酸的感覺。這也是經年不改髮型的人之所以會讓人覺得很老派的原因。

在髮型好好地升級之後，自然就能為眼前的她找出適合的服裝。不過，若還保留年輕時的髮型，就很難挑到適當的衣服。請大家務必遵守先改變髮型再挑選服裝的順序。大家不妨鼓起勇氣，換間不熟悉的髮廊試試看。換了新髮型，心情也跟著鮮活起來，而這股「我要變得更時尚！」的勇氣，肯定能讓妳煥然一新喲！

據犬走小姐的說法，她雖然從年輕時代就習慣剪成短髮，但還是會在剪法與顏色上要求變化。剪成短髮後，著重衣領設計的衣服就顯得很迷人。

享受「替自己打扮」

我有時會替連續劇的女演員打扮。由於造型必須符合「劇中人物」的印象，所以我會先仔細研讀劇本，與女演員本人或是製作人聊一聊，再想像「如果是這個人的話，應該會選這種款式的洋裝吧」，再逐步決定搭配的服飾。平常形象清新高雅的女演員演出拉丁系的角色時，我會選擇從未在她身上出現過的豔紅色或亮橘色的衣服，若是她要扮演的是比較硬派的職業，我則會試著找一些暗沉冷色系的服裝。由於人的印象會因為服裝而立即有所改變，我自己也很享受這種感覺，所以覺得從事這份工作很有價值。

不過我覺得，這些事不一定只能在連續劇的世界發生，也可應用於現實的世界。先想像理想中的女性，再試著延伸出「如果是這位理想中的女性，會選擇哪種衣服與配件，又會如何搭配呢？」換言之，就是「自己為自己設定角色」。要打破至今穿在身上那牢不可破的時尚外殼雖然不太容易，但試著想像「理想中的角色」後，

「設定角色」的時候，最有效的就是稍顯花俏的配件。使用一些造型華麗的配件打扮，心情也會跟著高昂。略帶光澤的圍巾也很推薦初學者搭配。

太陽眼鏡與無度數眼鏡是很棒的角色扮演道具。「我也很喜歡這些眼鏡，也常藉著它們轉換心情喲」

或許就能勇於挑戰至今未曾嘗試的配件。設計華麗的暖色花紋連身洋裝、剪裁合身的女用西裝外套、大型的首飾……。從小配件著手也很不錯，請大家有機會試著挑戰看看吧！等到戴著太陽眼鏡也不會害羞時，說不定「心情會突然變得很興奮，有關時尚的世界觀也會變得更寬闊」。

「時尚」本來就是從模仿開始，世界級的設計師也是在觀察50年代、60年代、70年代、80年代各時代的經典後，再從中得到各種靈感。就連我也時時提醒自己張開時尚雷達，也很喜歡觀察街上女性的時尚打扮。若是覺得對方「穿得好美啊」，就會分析「為什麼她看起來那麼時尚」，常常得出「採取洋蔥式穿法時，在顏色的分量上拿捏得宜」、「那個首飾在簡單穿著上發揮了明顯的效果，所以才會那麼時髦」這類的結論，我也會想像，若是那個配件放在我身上，有什麼值得參考的部分嗎？

隨著年紀增長，穿著很容易變得保守。不過，不管到了幾歲，我都希望隨時張開時尚雷達，偶爾賦予自己新的「角色」，著手進行新的挑戰。

選擇適合年齡與體型的褲子

年紀越來越大後，越來越難挑的就是褲子，因為很可悲的是，下半身總免不了變得笨重。我常被問：「到底該挑什麼褲子才對？」，褲子的剪裁會隨著時代氛圍改變（幾年前的「美腿褲」與低腰的小喇叭褲曾經流行過一陣子，不過現在是以前褲襠略深、細腰的直筒褲為主流），適合的褲子也會隨著體型而不同。每個人的腰部曲線、臀型與肌肉的分佈都不同，所以只能不斷地試穿，找出「就是這件」的理想褲子。有不少朋友討厭試穿，但是一件合身的褲子能讓你變得英姿颯爽以及年輕幾歲，所以別不好意思，大膽試穿吧！

挑選的基準是「將自己在意的部分修飾得美美的褲子」。腰部較為肥胖的人可檢查褲子是否在腰際出現奇怪的皺褶或是太過鬆垮？小腿肚粗壯的人則可看看褲子有沒有好好地修飾小腿肚。除了從前面檢查之外，也可從側面或後面檢查看看，站在鏡子前面仔細檢查一番是很重要的環節。

經典的直筒褲是「JIL SANDER」的產品（上圖）、合乎時宜的寬褲則是「ZARA」的產品（下圖），順帶一提，金色的腰帶是「UNIQLO」的產品（！）。這兩件費盡心思挑選的褲子都非常符合犬走小姐的身形。

選擇成熟風的丹寧服飾

足堪代表休閒服飾的丹寧褲有種一旦疏遠就讓人難以再次接近的感覺。我常被40幾歲的女性問：「有推薦的品牌嗎？」但一如挑選褲子時的建議，總之先不斷地試穿，再從中找出適合自己身型的褲子，因為沒有一個品牌或剪裁的褲子能適合每個人穿。

惟獨一點要注意的是，挑選的重點在於前褲襠深度恰當（前褲襠太淺的丹寧褲會給人有種「老派」的感覺），版型則可挑選不過於修身的直筒褲（即便是身型瘦長的人，也盡可能避免緊身的丹寧褲），顏色部分則可挑選水洗那類刷色漂亮的款式。若是要捲褲管，則該避免捲得太高，祕訣在於捲成若有似無的份量。

「成熟女性一定要挑選符合身價的褲子嗎？」有時我會被問到這一類問題，但其實不需要購買單價過高的丹寧褲。不要挑選「之後就穿不下的款式」，而是該挑選「能一直穿的款式」才比較理想。能在活動時散發出成熟穩重的味道，才是最能展現女性魅力的服飾之一。

最後希望大家注意的是，若已是熟齡的女性，就不要在穿丹寧褲的時候搭上運動鞋。這雖然是休閒時尚的王道組合，但這種打扮就讓給年輕人吧！這時該搭配的鞋子是高跟鞋或是樂福鞋這類皮製的上班族鞋子。若想穿上運動鞋，則建議換上長裙。

犬走小姐最近非常喜歡「ANATOMICA」的丹寧褲。雖然是寬版高腰的設計，卻刻意不穿腰帶，也讓上半身的襯衫保留一定的蓬鬆感。同時利用尖頭高跟鞋與折有口袋手帕的西裝外套營造高雅的氣息。

右側是「GAP」的窄版直筒褲，大腿一帶的刷色讓雙腳顯得瘦長。左側是「ACNE」的無刷色直筒褲，寬版版型很有魅力。

透過高跟鞋展露的心意

年紀相仿的朋友們聚在一起時，常看到身邊的朋友們都穿著較方便的平底鞋。若是為了腰痛、膝蓋痛或拇趾外翻這類健康問題而穿，那的確是情有可原，否則我會覺得「有點可惜」。

人類是傾向放鬆的生物，就連我也不例外，連續累了幾天之外，有時也會告訴自己「今天絕對只穿樂福鞋！」但是我還是免不了要說，「對時尚的執著」就在腳上展現。有時會在街上看見明明已是白髮蒼蒼，卻還穿著細跟高跟鞋緩緩散步的老人家，這不禁讓我在心中大喊「好酷」，讓我也想挺起腰桿來。每個人都可能會遇到不得不穿高跟鞋的日子，但是身為一名女性，即便不用每天穿高跟鞋，一旦放棄「穿高跟鞋帶來的優越感」，就可能會覺得有些落寞。

穿上高跟鞋的同時，站姿也明顯有所改變，除了足踝看起來細長之外，站姿也顯得優雅許多。一旦注重自己的姿勢，無意之間也等於在鍛練軀幹的肌肉，慢慢的小腹也會瘦下去（笑）。您不覺得，穿高跟鞋這回事對女性有百利而無一害嗎？

現在市面上有許多能減輕腳部負擔，高度僅5公分的鞋子，大家可先與店員們仔細討論再購買，也可從平常就注意適合自己腳型的品牌喲。若不太能駕馭細跟的高跟鞋，也可以改穿粗跟的高跟鞋，而厚底鞋或楔型鞋也是不錯的選擇。以我而言，若是得整天站著工作或是得一直在街上走的日子，有時也會換上方便行動的褲子與厚底鞋。

我趁著前陣子的發售當天買了雙「香奈兒」的雙色尖頭高跟鞋（黑色搭米色）。之所以狠下心購買，是覺得「只要今後好好保養，變成老太婆也還能繼續穿吧」。雖然是穩定感十足的5公分粗跟高跟鞋，卻因為是後繫鞋帶的款式，所以能恰到好處地展現女性的奢華感。在買這雙鞋之前，我就很愛穿雙色的尖頭高跟鞋，但這雙高跟鞋的配色相當有質感，肯定能為服飾的搭配增色不少。像這樣藉著鞋子讓自己的心情變得雀躍，果然是身為女性才能體會的樂趣呢！

「就算年紀漸長，只要有這雙的話」抱著這個想法，也為了小牛皮與麂皮在素材上的差異，所以購買了這雙「香奈兒」的後繫鞋帶款的鞋子。除了穩定好走，不管是隨性或高雅的打扮都很適合。

犬走小姐的經典色－藍色的尖頭高跟鞋。右側的漆皮高跟鞋來自「JIMMY CHOO」，左側的小牛皮尖頭則是來自「Gianvito Rossi」。「看到藍色的鞋就會不由自主地把它們買回家」。

若是低跟的鞋，犬走小姐愛穿的是圖中這種款式。右側的「Roger Vivier」尖頭鞋是凱撒琳丹妮芙在電影「青樓怨婦」穿過的鞋子，左側則是「J.M. WESTON」的漆皮樂福鞋。

訂出專屬自己的「服飾選購規則」

「在店裡看到那件衣服時，開心到盲目地買下它，結果回到家，腦袋冷靜之後，才發現不是自己喜歡的衣服，也就很少拿出來穿」、「明明已經老大不小，卻還是常買錯東西」，這類失敗到底是怎麼發生的呢？該不會那天的心情就是「想買點什麼」吧？也是時候該狠心地跟亂買的壞習慣說再見了吧！

解決方案之一就是具體建立「適合自己」以及「能靈活應用」的服飾挑選規則。我就為自己訂立了非常詳盡的「購物規則」。

舉例來說，裙子一定買能完全蓋住膝蓋的長度或及地長裙，絕對不會挑選長度在膝蓋以上或是不長不短的過膝中長裙。會選擇這類長度的裙子是因為膝蓋與手肘都是會洩露年齡祕密的重點，而且日本人的膝蓋骨特別大，看起來實在不太美觀。毛衣則盡可能選擇織目較密的細針款式，偶爾才會買中針款式。粗針毛衣雖然有種不拘小節的魅力，但是相對的較為厚重，熟齡女性要穿出俐落感不是太容易的事。

不過，粗針的長版針織外套是最近的主流，而明顯的垂直線條也讓人顯瘦，所以若是好好搭配，破例買來搭配倒是無妨。正式度較高的禮服襯衫則選擇看不見鈕扣與鈕扣洞的款式，這是因為不加遮掩的鈕扣洞會有種很隨性的感覺。不管是哪種衣服，都盡可能不要挑選過度強調鈕扣的款式。

這些規則都不是因為曾在雜誌上介紹過，或是以誰為範本而決定的，而是在過去數十年來，不斷地對自己的時尚歷程抽絲剝繭，不斷地分析自己才得出的結論。實際打開自己的衣櫃，仔細觀察一番之後，每個人都應該可以從自己的喜好與常穿的衣服看出適合自己的衣服吧？而且也能回顧過去為何失敗，以及找出哪個部分較不擅長。「明明買了很貴的衣服，但卻很少穿」，想必大家或多或少都有過類似的經驗，而這份昂貴的學費將幫助您更了解屬於自己的時尚。

只要先為自己訂立這類購物規則，就不會在購物時浪費時間，也能在店裡失心瘋的同時告訴自己「不行，這有違我的購物原則，還是別買吧」，讓自己恢復冷靜，我想這就應該就能避免失敗了。

因為「幾乎很少有女性這麼做」，所以刻意將「在口袋插入手帕」這種打扮設定為「自我風格」的犬走小姐。除了有配件的效果，心情上也比較沉著。白色手帕是從紳士服飾店「AOKI」購買。

毛衣幾乎都選細針款式，偶爾才會選中針款式，至於粗針款式，幾乎不在我的選擇之內。內搭在外套之內的禮服襯衫則一定選擇看不見鈕扣的款式（兩層隱藏式的款式）。

配飾的搭配祕訣

經常聽到：「成熟女性就該嚴格挑選正式的配飾」這句話吧。當然，這種說法也有其道理，不過，若真的想配上足以襯托洋裝的璀璨配件，恐怕得準備不少預算，而且不是每個人都適合如此穿戴，有些人反而還因此顯得沉重與老氣。我常混合搭配平價的設計飾品與真品的配飾，只要不是全部都是假貨，看起來就不會那麼廉價，有時還能營造脫俗感或是數量上的均衡感，搭配上的靈活度也會增加。

脖子部分則可根據臉型、脖子的長度與粗細以及髮型，搭選適當的「基本款式的飾品」，比方說我將「MIKIMOTO」的 5 ㎜ Baby Pearl 做成38公分的項鍊，接著讓十字架項鍊垂在略低於鎖骨的位置藉此營造重心。這比只有珍珠項鍊還更能呈現出奢華的感覺，隨性風格的衣服也能呈現與年紀對應的質感。只要先決定基本款式的飾品，平日就能輕鬆挑出適合的上衣，即便是匆忙的早晨，也不會不知道該如何打扮。

這是犬走小姐的「基本款配飾」。搭在底下的居然只是「UNIQLO」的喀什米爾毛衣，而且還反過來穿。手上的配飾部分如戒指是由金與銀製成，多戴幾個戒指後，即可輕鬆地搭配任何款式的手錶。

由於有很多樸素的洋裝，所以偶爾得利用水鑽配飾增添些許玩心。右上角的是「施華洛世奇」的項鍊，下方的兩條項鍊則都是「Talkative」這個牌子。

想配戴「土耳其藍」寶石的時候，建議選擇顏色純淨的大型配飾。這兩者是去香港旅行以及在上野阿美橫丁的「邂逅之物」。

仔細地保養衣服

想營造「清新感」的時候，配件與服飾的搭配固然有些該注意的事項，但最基本的，也絕不能忘記的是「仔細保養手邊現有的衣服」。

不管身上穿的洋裝多麼漂亮，只要出現不該有的皺褶就全毀了，會散發出一種很疲倦、很寒酸的氣味。若是討厭一直把熨斗台拿出來這件事，建議買台蒸氣掛熨刷。這可是我們造型設計師的七項寶物之一，衣服不需從衣架拿下來就能直接把皺褶燙平，也不需要熨斗台輔助，而且還能輕鬆拿出來使用，是一項非常方便的工具，就連價格也只需3000日圓，請務必買一台作為服飾保養之用。

在鞋子方面，把鞋子擦亮當然重要，但是真正的重點在於「別連續好幾天穿同一雙」。穿了一天，就該讓它休息一天，才能避免鞋子變形，長保原本漂亮的外型。不穿的時候，也務必在鞋子裡放入防止變形的鞋撐。現在已經能透過網路一口氣買到許多平價的鞋撐了。

在小的時候，經常看到父母親拿刷子刷西裝與外套，不過現代人似乎已不太使用洋裝毛刷。在洋裝的保養上，刷乾淨這個步驟是非常基本的。過度的洗滌與烘乾都是造成衣服受損的原因。就我而言，也不會穿了一季就把外套這類衣服拿去洗衣店一次，只是每天努力地把衣服刷乾淨，讓衣服能長保整潔。刷衣服不只是把表面的灰塵刷掉，也能將衣服的纖維刷平，換言之，刷衣服能讓衣服的光澤感增加，看起來也會美觀許多。

在保養上，還有一些其他瑣碎的小細節，例如拿掉衣服上的小毛球以及線頭，或是看到髒污與斑點時，就立刻擦乾淨，需要乾洗的衣服就拿去洗衣店乾洗等等，或許大家會覺得不可思議，但是當你細心地照顧衣服，衣服也似乎會為了回應你的期待而展現光芒。仔細照顧衣服，可讓你愛穿的衣服增加，你也會更加珍惜這些衣服。這在任何「東西」上可都是共通的真理喲。過去見過的每一位愛好時尚的人，沒有一位不是細心地照顧衣服。請大家一起努力，朝珍惜手邊衣物這種時尚品味努力吧！

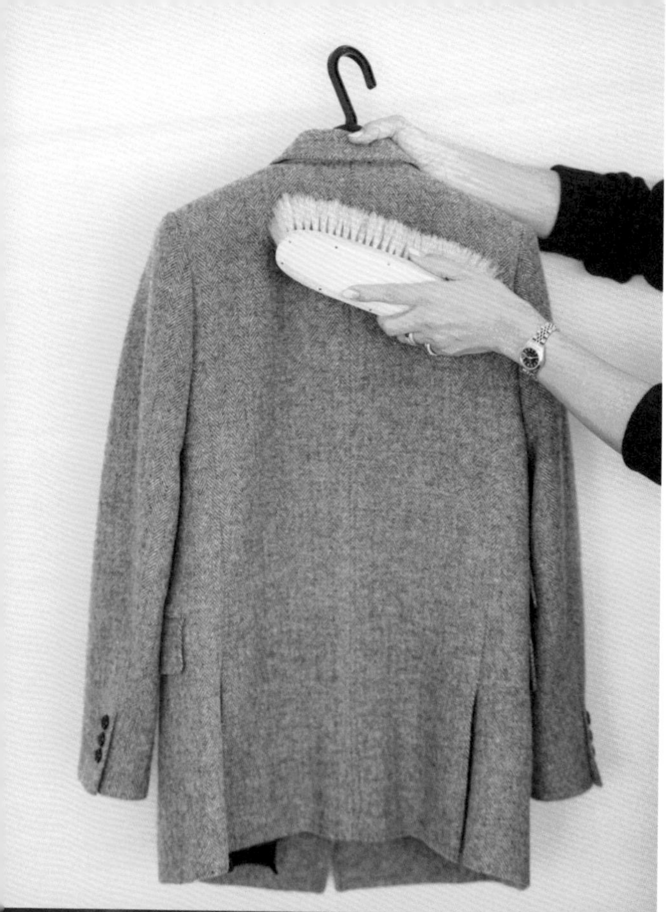

這是幾年前購買的「平野刷毛製作所」生產的洋裝毛刷。這是由資深工匠以手工植毛方式製作的毛刷，除了非常耐用之外，也奢侈地使用高級的馬尾毛製作。「在照顧喀什米爾的披肩或是外套時，這個毛刷可是重要的法寶」。

鞋撐可使用網購的商品，建議購買能調整大小的款式，鞋子不穿時，也務必放入鞋撐。掛熨刷則使用「TwinBird」這個牌子的產品。

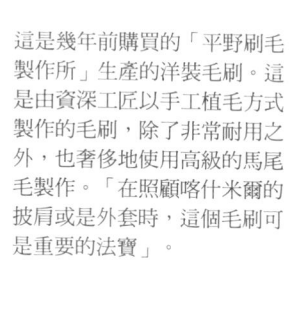

讓我感到幸福的元素

犬走小姐的父親也是一位喜愛時尚的人，圖中這支手錶是他在 2014 年過世之後留下來的遺物。這支手錶是「精工牌」的高級款「CREDOR」的初期款式，把錶帶換成紅色的，藉此玩味一番。

熟稔茶道的母親最近越來越少機會穿上和服，所以把幾個喜歡的袋帶給了犬走小姐。「打算穿上絲綢的和服時，可利用這些袋帶提昇格調」。

從 2011 年開始，我一週一定會去練一次佛朗明哥。雖然我一直不太會跳舞，但還是抱著「我要克服討厭的事情」的想法開始練舞。能在上課期間忘掉一切，進入忘我的境界是練舞的魅力所在。

這是 20 幾歲在剛開始從事時裝秀時的照片，記得是在法國香榭麗舍大道上拍的。看到照片中紅色褲子搭配紅色披肩與雙色尖頭高跟鞋的自己，不僅覺得「我的喜好還真是一點都沒變啊」（笑）。

對於研究家體質的犬走小姐而言，只要是曾經著迷的東西，就要徹底吃過一輪，仔細比較口味。有段時期是對咖啡著迷，有段時間則是迷上披薩，最近愛上的是可頌。只要是喜歡的店，再多次也會上門一飽口福。

美

Beauty

島田淑子

Sumiko Shimada

以芳療師、針灸師開創職涯的島田小姐。一開始抱著「真正的美來自健康」的想法，後來總算遇見中國的治療法「刮痧療法」，所以從2008年開始在日本推廣。她的興趣非常廣泛，包含低糖質生活與發酵食品，綿綿不絕的好奇心也告訴我們這就是她常保美麗的祕訣。

還記得首次對中醫感到驚豔是在20出頭的時候，當時的我正在大型化粧品製造商經營的芳療師學校上課。那所學校在當時算是非常先進的，也是一處以系統化的方式引入中醫療法的場所，即便進行相同的治療，是否先利用針刺激穴道，對肌膚的效果也有很明顯的差異，這讓當時的我感到非常訝異。只要讓經絡（中醫所說的體內氣血的通道）通暢，身體自然強健，外表也自然變得美麗。而這樣的概念深深烙印在當時我的心中。

白天在針灸院擔任實習生的工作，晚上去學校上課的日子持續了三年之久。當時年輕，所以絲毫不引以為苦呢。取得針灸師的執照後，曾在醫院的復健室服務，也曾在美容沙龍提供芳療師的服務。之後有一陣子重回先前上課的化粧品製造商研究所服務，但是身為針灸師的老公島田力決定去美國進行針灸視察之旅，所以就與他同行。回國後，他參與仙台針灸學校的創立，後來又因畢業生的研修之旅前往中國視察，所以我也決定跟去看看，也才有機會與中醫療法的「刮痧」邂逅。

由島田小姐擔任會長的「日本刮痧協會」。圖中是自創的刮痧板（照片左下）、「眼部專用刮痧棒」（右下）、及「身體專用的刮痧板」（左側）。按摩時使用的「SHOBI」按摩用凝膠與乳液（右中、上）。

「刮痧」的歷史非常久遠，甚至可以回溯至二千年以前，是中國傳承至今的治療法。簡單來說，就是在毛細血管加壓，壓出血液裡的毒素，藉此讓經絡變得通暢，身體狀況變得更正常的療法。當時的我對這種治療法感到興趣，所以留在當地的學校學習相關知識，也決定把這種療法介紹給日本。當時剛好是日本國內正在流行「排毒（排出累積在體內的老舊廢物）」這類詞彙的時候。

為了方便將「刮痧」介紹給日本，所以我決定以平假名「KaSSa」（刮痧）這個發音相近的詞彙代替「刮痧」的中文發音。感謝幸運之神眷顧，這項「刮痧按摩」得到非常大的迴響，也得到許多大眾媒體登門採訪，甚至還因此寫成書籍，瞬間聲名大噪。原本我只是單純地因為興趣而開始，沒想到能如此受到歡迎，真是讓我受寵若驚。

回顧之前的人生，與其說是憑一己之力走過來，更覺得是隨著各種緣份才能走到現在。不過，中醫認為體內的「氣、血、水」最講究「順勢而流」這點，而不違逆自己的能力與希望，一切順勢而為，或許也是人生的關鍵吧？我最近慢慢地有了這層體悟。

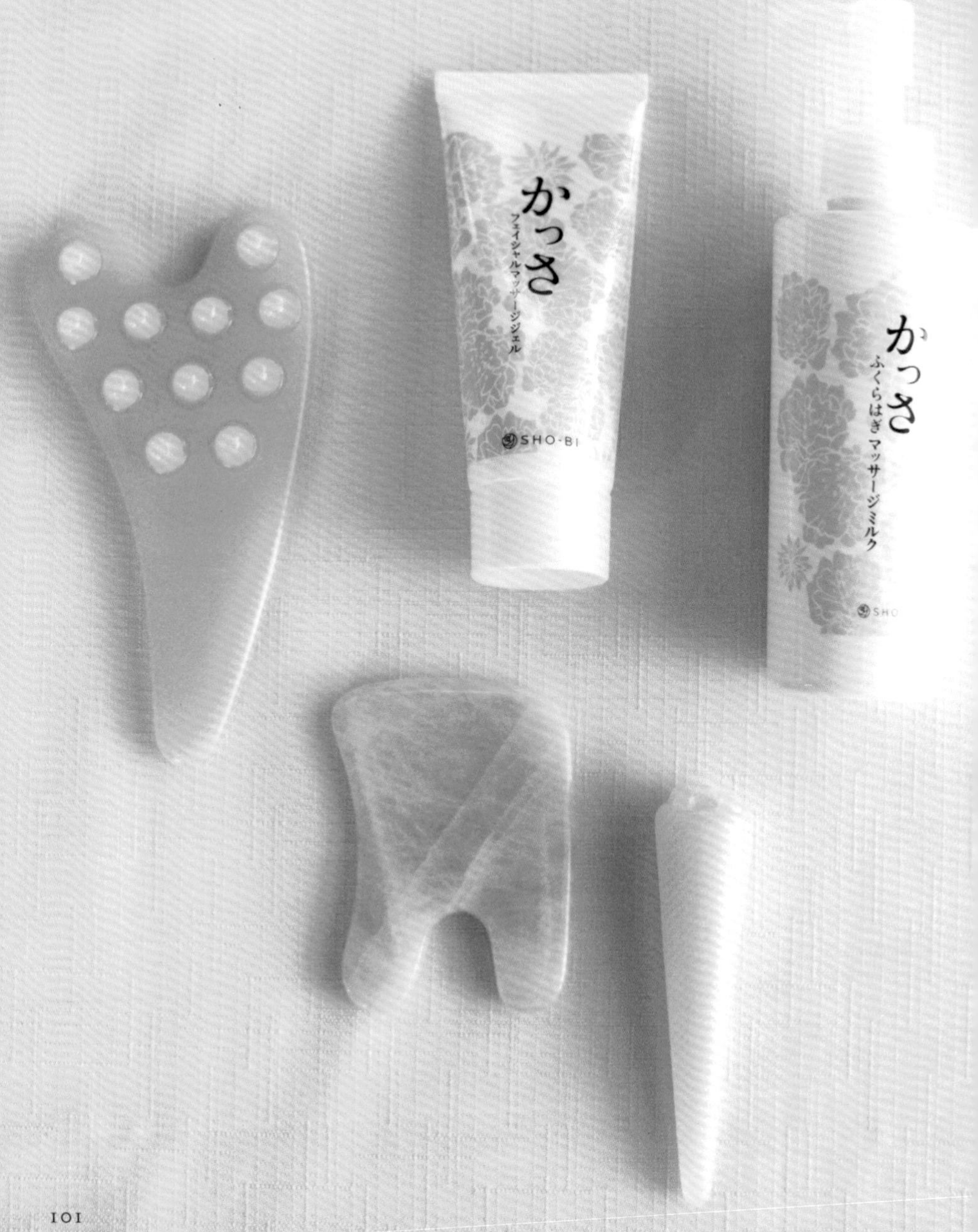
かっさ
フェイシャルマッサージジェル
SHO-BI
かっさ
ふくらはぎマッサージミルク
SHO

改善肌膚與老花眼的「刮痧」

先前介紹的「刮痧按摩」原本是中國自古傳承的民間療法，漢字的「刮」有來回刮動的意思，「痧」則是瘀血（血液裡的毒素）的意思，而這種療法早就存在於每個人的生活裡，例如老人家會因為腰痛來治療院接受「刮痧」治療，或是奶奶會帶著感冒的孫子來治療院替脖子與肩膀「刮痧」，據說連慈禧太后也為了美容而用於臉部的按摩。不過，真的得到醫學論證是在1990年代左右，而應用於美容更是到了西元2000年之後。我在中國遇見「刮痧」之際，正是以女性為對象且附有彩色照片的「刮痧美容」一書總算問世的時候。

若說刮痧與一般的按摩有何不同，就在於「這是一種激發人體潛藏治癒力的按摩」。中醫的邏輯原本就是提昇免疫力與強化自然治癒力，所以在治療時，會使用「刮痧板」這種道具在皮膚表面來回刮動，藉此施以刺激。而為了不對肌膚造成傷害，會在肌膚表面抹上凝膠或乳液。我在當地的學校學習相關理論時，也與自己學過的針灸與芳療知識對照，也為了讓刮痧能於美容這方面發揮長足的效果，所以抱著「這麼做會不會更好呢？」的想法做了一些調整。在經過無數次的嘗試與失敗後，總算整理成「島田流刮痧按摩」，也得以介紹給日本的消費者。

「刮痧按摩」有何優點？首先是不知道穴位也能施以治療。以針或灸對穴道施以刺激是針灸的原理，但要初學者辨認穴位實在有如登天之難，反觀「刮痧按摩」是刺激經絡，所以只要順著經絡的線刮痧就沒問題。順著線刮痧相對之下比較簡單，而且穴道也都位於經絡上，所以初學者也能簡單地刺激經絡。

經絡在接受刺激後，「氣、血、水」的流動就會變得順暢，全身也能取得平衡，所以代謝速度也將提昇，讓身體全面地回到健康的狀態。摩擦皮膚會讓表皮的溫度慢慢升高，能帶來讓身體活化與煥然一新的效果。若是在早上刮痧能讓腦袋徹底清醒，若在晚上治療，則可消解疲勞，幫助入睡。雖然只是隨便列舉一下，就有這麼多足以介紹的優點。

有益眼周皺紋的「刮痧」

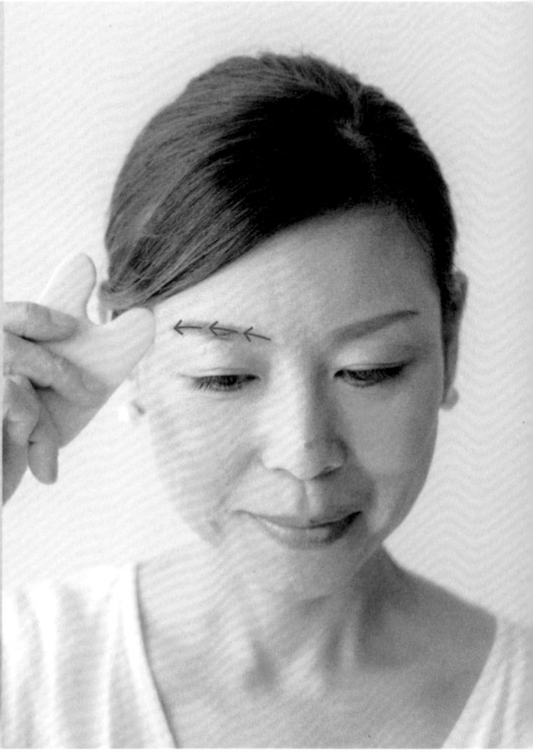

「臉部刮痧按摩」的目的在於緩解臉部的僵硬，排出老舊廢物。一開始先將「刮痧板」的前端置於眉頭，接著往眉中的位置移動三次，每次移動 3 公分，直到移動到眉尾的位置。這個步驟可重覆三次。

接著將刮痧板的前端置於眉毛上方，再讓刮痧板從眉頭往眉尾的方向移動三次，每次移動的距離為 3 公分。這個步驟同樣也可重覆三次。

改善法令紋的「刮痧」

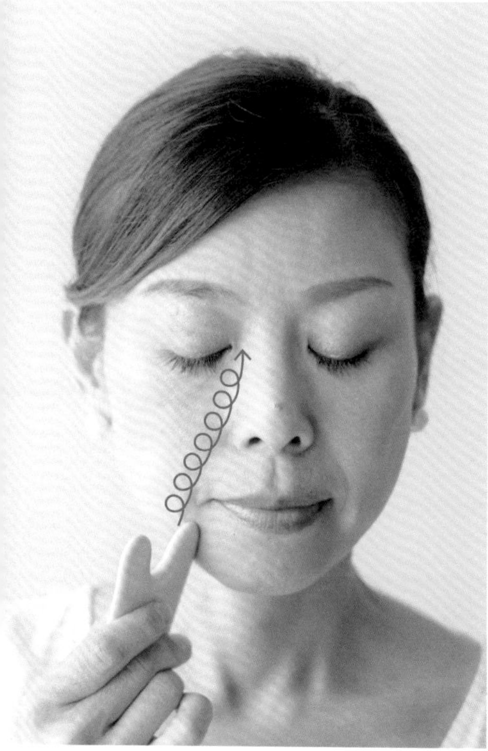

讓刮痧板的前端由下往上從木偶線（從嘴邊往下顎延伸的線）經過法令紋再移動至眼頭的位置，此時記得讓刮痧板的前端以螺旋的方式往上移動。這個步驟也可以重覆三次。持之以恆地施行這些按摩，效果就會相當顯著。

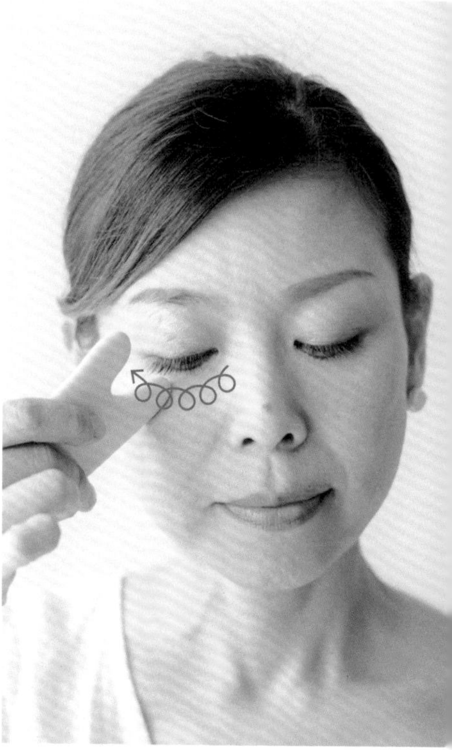

接著將刮痧板的前端置於眼頭下方，再讓刮痧板從眼頭往眼尾如螺旋般移動。這個步驟也需重覆三次。眼睛周圍的皮膚較薄，切忌過於用力摩擦。

隨著年齡增長，女性在意的老化也能透過「刮痧」徹底改善。以我本身為例，幾年前將手機換成智慧型手機之後，有段時間突然罹患了老花眼，不管看遠或看近都看不清楚，我的心情也因此變得很煩躁，但自從某天早上都記得在眼周附近「刮痧」後，視力就恢復了。就連因為上了年紀而出現的眼尾皺紋、法令線或是臉部肌肉鬆垂，具有拉提效果的「刮痧」也是很有幫助的。所需的道具只有刮痧板以及潤滑劑而已，需要的空間不大，也不用擔心什麼副作用，唯一需要的只有一點點持之以恆的「意志力」而已。

年輕時，即便有什麼不舒服的地方也會立刻復原，但過了50歲之後，我覺得最重要的是平常就「妥善調理」自己的身體狀態，而不是覺得不舒服才處理問題，而「刮痧按摩」可說是一項很能幫得上忙的「調理」手段。

島田小姐在中國找到的「刮痧」書籍以及在學校使用的教科書。當然整本都是中文。島田小姐當時是一邊查字典，一邊從實踐的過程中掌握書中的知識。

刺激「腎經」，對抗老化

前面已經提到，中醫將體內氣血的通道稱為「經絡」，而這些經絡各有各的功能，例如「肺經」掌管呼吸、皮膚與水，也因為肺與呼吸有關，所以不難理解，但比較意外的是居然也掌管皮膚。之所以會有「用乾布摩擦皮膚就不會感冒」這句話，根本的思考邏輯是指用力摩擦皮膚能讓肺變得強健，因而不容易感冒。同樣地，「肝經」掌管血液循環與壓力，「脾經」主管消化部分，也具有「讓血液不會從血管漏出來」這種中醫才有的功能。

我們都在意的「老化」則與「腎經」有關。「腎」的功能在於控制全身的水，也是提昇身體各項功能與儲存元氣的內臟。「元氣」分成兩種，一種是與生俱來，無法增加的「先天之氣」，以及能透過食物或呼吸法慢慢增加的「後天之氣」，而「腎」就是儲存上述兩種元氣的位置，而存量的多寡與成長或老化息息相關。白髮、皺紋持續增加，皮膚變得暗沉、骨質疏鬆這類老化現象都是因為「腎」所儲存的氣減少所致。

「腎經」從腳底開始向上延伸，經過腳部內側後，經過肚臍旁邊，直到鎖骨下方結束。若要自行活化這條經絡，可輕輕摩擦位於膝蓋下方、腳部內側腓骨小腿肚的這條線。只要這裡的經絡通暢，就能產生抗老的效果。

此外，人體雖有無數個穴道，但與內臟有關的重要穴道稱為「原穴」，而這個原穴共有十二處。其中位於內側腳踝旁邊的「太溪」是與「腎」密切相關的穴道，建議定期刺激這個穴道。

這些按摩都建議使用「刮痧棒」進行。刮痧棒是一種以天然石頭製成的棒狀道具，使用前可先放在50℃的熱水裡加熱3分鐘，就能輕鬆地進行具有針炙效果的「溫刮痧」。這種刮痧棒具有一定的粗度，只要稍微知道穴道的位置，一樣能透過按摩產生效果。

有益「腎經」的「溫刮痧」

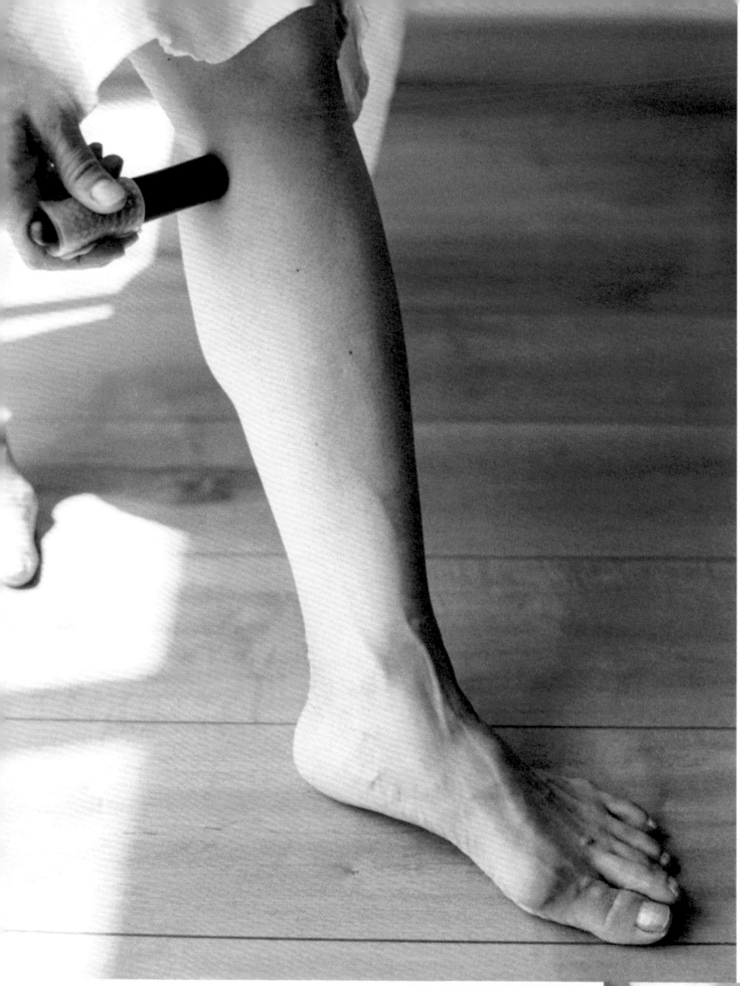

讓「腎經」活化吧！將刮痧棒較粗的一端壓在腳內側的骨頭端部，也就是小腿肚這條線上，由下往上分三次刮，每次移動 5 公分，然後重覆三次這個步驟。

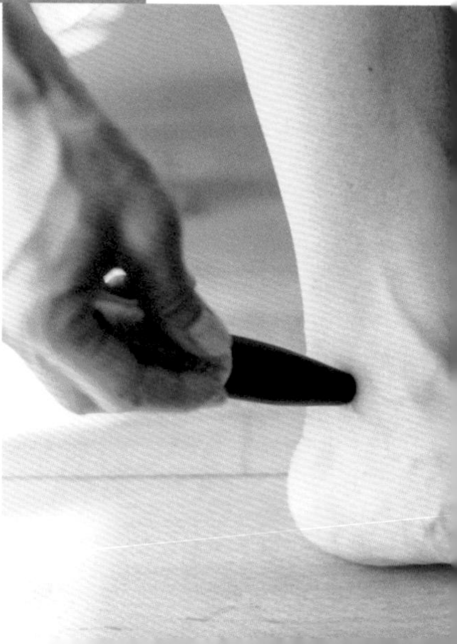

接著以刮痧棒較細的那端按壓「太溪」（內側腳踝與阿基里斯腱之間的凹陷處）這個穴道。覺得慢慢熱起來之後，讓刮痧棒離開，然後再按壓。這個步驟可重覆數次，並且兩腳都要執行。

不是「抗老」而是「延緩老化」

剛剛的確提到了「抗老」這個詞彙，但我其實不愛這個字眼。「對抗」這個字總讓人有「排斥」的感覺。最近常出現「美魔力」這類詞彙，「你很年輕呢」這種說法也變成一種讚美……比起歐美人士，日本人「想要常保青春的願望」的確是很強的民族性。

不過理所當然的是，沒有人不會變老。一味地想停止時間或是回顧過去的年輕都是非常不自然的事，我覺得即然已是50、60歲抑或更長的年紀，都有這個年紀才有的光環與成熟美。重點在於由衷接受「年紀增長」這件事，而為了讓老化緩慢而平穩地加速，必須在「身」與「心」這兩邊有所準備，而這也是與老化和平相處，讓自己慢慢變老的「延緩老化」的思維呢。

雖然有一點逆其道而行，延緩老化的第一步就是「認清老化的自己」。老化就是「隨著年紀增長，生理機能下降」的意思。年輕時，不管再怎麼疲勞，睡一晚就能恢復體力，但上了年紀之後，不要再如此揮霍自己的健康，應該仔細聽聽自己的身體說什麼，妥善地保養自己的身體。請持之以恆地用心觀察自己的身體有什麼變化，在什麼時候會覺得不舒服，又該做哪些處置才能恢復原狀，而且若發現有什麼不足之處再予於補充，因為年紀越長，「健康狀態」與「美麗」越是息息相關。

規律的睡眠與飲食、恰到好處的運動與零壓力的生活習慣都是非常必要的。寫成這樣，或許大家會聯想到「這不就等於是苦行僧般的生活嗎？」其實會說這種話的我也是個超級懶得運動的人（笑），所以我才以「順便運動」的方式運動，例如一

邊擦地板，一邊告訴自己「這也是一種訓練」，或是在遛狗時，提醒自己保持正確的步行姿勢。我從來不會特地「騰出時間」運動，在覺得疲勞時，當然也會告訴自己「今天就休息吧」。

等到休息完，身體比較舒服後，再逐步恢復運動的習慣。我就是這樣提醒自己「持之以恆」這件事。飲食方面，對我來說，這部分算是半個興趣，所以比起強迫自己「非吃這個不可」，我寧可在作菜時興奮地告訴自己「做菜很開心啊」、「接下來也做做那道菜吧」。

到目前為止，我接觸過許多女性的身體，其中令我重新有所體悟的是，「女性的一生真的很辛苦」，舉凡月經、生小孩、更年期、停經，身體隨時都被荷爾蒙左右，也不得不接受這些戲劇性的變化，要與這些變化相處真的是很困難的任務。所以從40幾歲後半到50歲之後，就必須時常保養自己。我覺得保養的第一步就是先「認清」自己的身體。

更年期所需的「水、血」食材

學會針灸或是「刮痧」這類中醫診療身體的方法後，接著就是得將注意力放在對健康最為重要的「飲食」。我在成為針灸師之後就立刻察覺到「每日三餐的重要性」，一開始是對印度阿育吠陀的飲食有興趣。只可惜，印度與日本的飲食生活還是有些距離，所以將興趣轉移到「藥膳」。所謂藥膳，指的是以中醫為理論基礎，以各種食材的藥性搭配而成的飲食，也是一種透過每日三餐讓身體更為強健的教誨。

我曾在三十出頭時，進入「北京中醫藥大學」日本分校就讀，學習與藥膳有關的知識。當時的教科書全都是中文，還得記住所有食材的分類，例如哪些能讓身體溫暖，哪些又屬於讓身體降溫的性質，雖然辛苦，卻也從中學到不少東西。

進入更年期之後，女性開始會出現一些莫名的自覺症狀，例如身體容易燥熱，也容易頭暈、耳鳴或是盜汗，而這些症狀就是藥膳所說的「陰虛」，是一種體內水分不足，導致身體到處充斥熱氣的狀態。能夠補充這種水的就是白木耳、豆腐或是花枝這類食材。

假設不是上述的症狀，而是皮膚變得粗糙、常掉頭髮、集中力下降、頭暈這些症狀，這有可能是「血虛」，這是一種循環全身的血液不足，導致氣血不足的狀況。能補充「血」的食材有枸杞、紅棗，能加速血液循環的有紅花這類的食材。只要先記住可利用哪種食材食補，平常就能利用「飲食」緩和不適感。

我們這群人一起創立了「東洋醫學生活創意協會」這個團體，從2015年秋天開始正式活動，而活動內容主要是試著培育能自行透過「藥膳」與「刮痧」調理身體的人才。「了無幹勁」、「倦怠」、「心情鬱悶」這些病名不明的不適感，在中醫都稱為「未病」，而更年期的這類「未病」更是中醫的拿手項目。恰巧現代的日本社會正為醫療費不斷膨脹而傷透腦筋，我認為就這層意義來看，現代人該尋求的不是廉價的醫療，而是吸收能於平日自行緩和不適感的藥膳知識，才是真正合乎時代潮流的做法。

家中可常備補「水」的白木耳，加速「血液循環」的枸杞、紅花與紅棗這類乾燥食材。木耳可做成沙拉或漬物，紅花可加在湯品或茶飲裡，枸杞與紅棗則可揉進黃豆粉的麵包裡一起烤。

打造不需要化粧品的膚質

常被問：「平常都使用哪些化粧品」，但老實說，我平常只使用自製的化粧水與「刮痧按摩乳」，舉凡市售的乳液或精華液一律不用（自製的化粧水會視肌膚狀態與季節加入保溼劑）。每天早上都進行臉部的「刮痧按摩」，晚上則只在洗臉之後，輕輕地抹上化粧水而已。但莫名的是，雖然只做了這些保養，但皮膚的光澤依舊，而且沒有任何毛病。每當我實話實說，大家都常會驚訝地大喊一聲「咦！」。

皮膚老化是指皮膚硬化與失去彈性。用手指按小寶寶的肌膚時，是不是覺得很軟彈，很有水份呢，可是當臉部越來越僵硬，肌肉越變越硬，血與水的流動與若越不順暢，整張臉就會變得平直。「刮痧按磨」不僅能讓表面的肌肉放鬆，也能讓深層的肌肉舒展，所以能讓肌膚恢復彈性，找回原有的立體感。

我的「專屬化粧水」是以具有美白、去斑、緩解異位性皮膚炎效果的「薏仁」與「米麴」製成，大家都知道「常接觸麴的味噌師傅與釀酒師的手非常光滑」這件事，但實際實驗後才發現，效果真的很卓越。沒有添加任何不需要的成分，所以能安心使用（都是可以吃下肚的，既安心又安全），與高價的化粧品相較，價格也便宜得嚇死人。由於不含任何防腐劑，所以必須細心地手工製作，但其實步驟也不如想像麻煩，對我來說，比起到處買化粧品，然後再一層層塗在臉上，還不如養成一週自製一次化粧水的習慣比較輕鬆。

明明即將 50 歲，島田小姐的皮膚擁有令人難以置信的透亮感。明明保養只有刮痧按摩與自製的化粧水，皮膚卻如此水嫩與細緻。

將水、薏仁倒入鍋中熬煮。放涼後，放入米麴與
具有美肌效果的迷迭香、玫瑰即可製成化粧水。
可放在冰箱的冷藏室保存，建議一週之內用完。
肌膚將因為麴而變得光滑動人。

改善不適感的「低糖質生活」

大概是在過了45歲之後，有段時間身體糟到讓我覺得「更年期總算來了嗎？」，當時每天都很疲倦，身體狀況也很糟糕，每天每天，只要工作一有空檔，連坐都坐不住，直接倒在沙發上。而且眼睛的表面也很痛，下半身也腫到穿不了三年前買的褲子。只要一吃完午餐，強烈的睡意就會來襲，甚至到了傍晚還會冒冷汗，手也會微微顫抖。

根據這些徵狀一查才發現，這該不會是「低血糖症的症狀吧？」所以開始進行因減肥而蔚為話題的「限糖生活（減少從甜點與白飯攝取糖量）」。我一開始覺得「不吃飯怎麼可能健康」，但讀了相關書籍之後才發現許多驚人的事實。試著在兩週之內，在自家吃飯時不攝取糖分之後，發現上述的不適感有了明顯的改善，之後去糖尿病專科門診進行「耐糖測試」，測量血糖值與胰島素值，才知道我屬於「糖代謝異常」體質，容易引起所謂的低血糖症狀。

圖中用紅酒揉拌黃豆粉的低糖質麵包挾了可滋潤身體的奶油起司。同樣利用黃豆粉製作的三款費南雪蛋糕則使用了零熱量、不會使用血糖值升高的自然甘味料「羅漢果S（ラカントS）」。

於是我進一步調查「低糖質生活」，也開始於調理師學校上課，也為自己安排適當的飲食，也因此偶然發現有許多人與我有著相同的毛病。

一直以來，我就是容易水腫的體質，或許大家會覺得太誇張，但是該如何讓水分排出身體，一直是我的「人生課題」。明明已經常常按摩，常去三溫暖以及常常半身浴，也很少攝取會造成水腫的「鹽分」，卻還是會莫名水腫。後來才知道，「糖分」才是問題所在。據說每一公克的糖含有3～4公克的水。在中醫的概念裡，容易屯積多餘水分的體質稱為「水滯」或「水毒」，而這種體質容易出現「倦怠」、「冰冷」、「頭暈」的症狀，如果您跟我有同樣的毛病，請務必回想日常三餐的內容，檢視是否「攝取過多糖分」。

這並非視白飯如罪惡，只是希望大家多注意「從白飯或其他食材所攝取的糖量」，試著一天一餐減少糖分的攝取或是減少白飯的量，這或許能讓長期以來的不適感得到戲劇性的改善。

鮭魚陶罐派與烤牛肉都使用了促進消化的日式甜酒。右下角是以「醬」醃漬的自製肉乾，有效率地攝取蛋白質是輕鬆過著低糖質生活的關鍵。

島田小姐提到「能讓藥膳生活更輕鬆的料理是陶罐派。」事先做好符合體質的陶罐派，就能輕鬆地攝取營養。藥膳的重點在於持之以恆，準備一些造型可愛的烤模，也能讓心情更加雀躍。

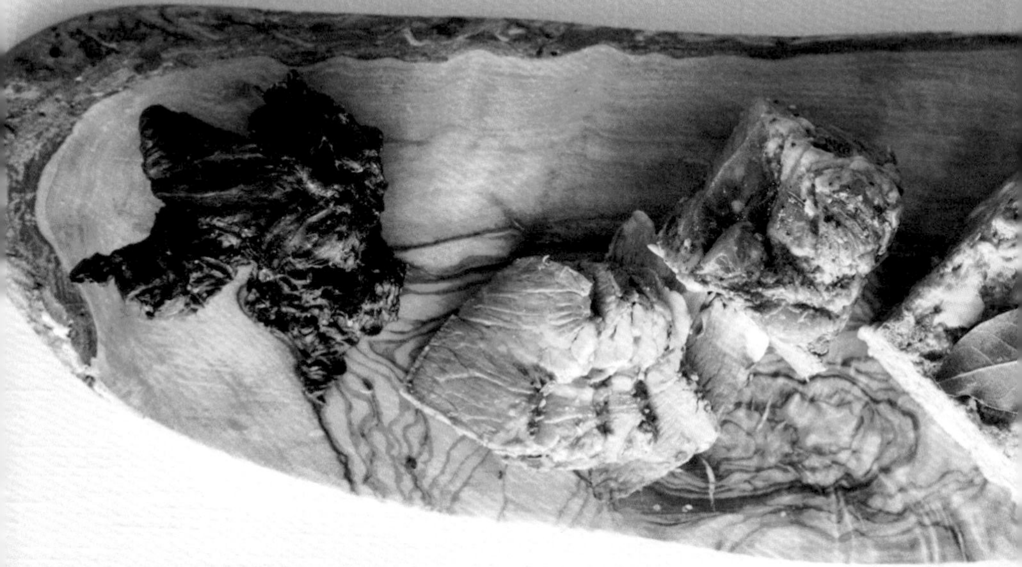

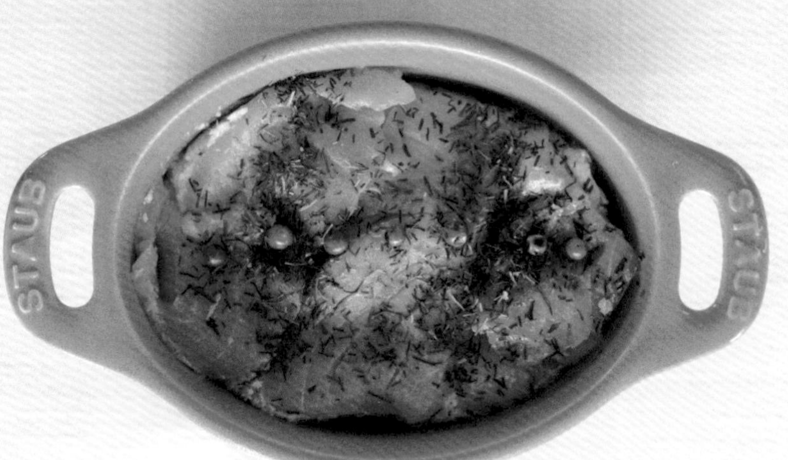
STAUB
STAUB

一字排開的發酵調味醬。有自製醬油、醬料、「朝天椒醬」（以紅辣椒和米麴製成的中式調味料）、「三升漬」（以青辣椒、醬油和米麴製成的調味料），還有蒜麴醬、米糠床等。展現出了島田小姐的研究精神。

多吃發酵食品

對飲食生活想了很多後，自然而然就把視線轉向日本自古傳承的飲食智慧——「發酵食品」的諸多優點。發酵就是由微生物（日本特別注重麴）分解食物中的糖分、蛋白質與澱粉，藉此產生對身體有益的新成分，而且經過發酵後，食物的滋味變得更有層次，也更能長期保存，想到這點，不由得不佩服先民們的智慧。

自從決定過低糖質的飲食生活後，就比之前多從肉類與魚類攝取蛋白質，因為這些蛋白質的優點在於與發酵食品搭配時，會迅速分解為胺基酸，人體也能快速地吸收與消化，所以若是將肉浸泡在甘酒或味噌醃漬，會比直接煎煮來得更容易消化，更能迅速地吸收養分。

當我更了解發酵是怎麼一回事後，就無法滿足於市售品，而是想要自己動手做做看。除了自製味噌與米糠之外，就連醬油或醬料都能自己製作。甚至甘酒都是一週固定做一次，有時直接飲用，有時則用在料理裡。與各種發酵品一起生活之後，就

覺得細菌常帶給肌膚好的影響，將發酵食品放在一起時，這些發酵食品還會幫助彼此在最佳狀態下發酵。

現代有許多「有益健康」的資訊，不過每個人的身體狀況都不同，所以「飲食」的安排更應該因人而異，對我而言，低糖質生活與發酵食品非常適合，與身體狀況不佳的時期比較之下，現在的我顯得更有活力。這不禁讓我覺得，要想過得舒適快樂，就得為自己「找到適合的飲食生活」。

甘酒的製作方式很簡單，只要在電鍋裡倒入米、麴、水，再以保溫模式加熱八個小時就完成了。除了可以直接飲用，也能夠當作沙拉的淋醬或肉類、魚類料理的醃料使用。

培養正確的姿勢與走路姿勢

最近的日本人似乎越來越「不懂得如何走路」，即便是去到很多亞洲人的國外名勝，光憑走路方法就能做出「啊，那個人應該是日本人」的判斷。具體來說，就是彎著膝蓋走路的姿勢。極端地說，這種走路方式就像是坐著「看不見的椅子」在走路，除了對膝蓋造成負擔，大腿也會越變越粗。

就我觀察，女性的O型腿大概會從50幾歲之後出現，大家應該不難想像一邊抱怨「膝蓋痛」、「腰痛」，一邊走得像螃蟹的老態吧?之所以會變成這樣，主要是因為支撐骨盤的肌肉退化，慢慢地無法保持正確的走路姿勢。一旦無法維持正確的姿勢，後背就會越來越駝，腹部也會越突越明顯。為了讓身體輕鬆而彎著膝蓋、拖著腳步走，不知不覺就會走成螃蟹腳。

反過來說，注意走路的姿勢是否正確，可培養自己的肌耐力，也是維持體型的重點。在街上也是一樣，明明年紀相仿的人，有些人走得像「老人家」，有些人卻是

與愛犬 RYU 一天兩次的散步也是自己的散步時間。讓背肌與膝蓋打直，以正確的姿勢散步。光是穿上「MBT」運動鞋，就能維持正確的姿勢，軀幹的核心肌肉也能訓練，所以每次一定都穿「MBT」運動鞋出門散步。

挺直腰桿，瀟灑地大步走著，兩方的差異果然還是因為長年的步行姿勢所造成的，其中的分水嶺就從50歲開始。

要維持正確的步行姿勢，其祕訣在於讓背肌徹底拉直，然後「以肚臍為支力點的感覺走路」，如此一來，骨盤的角度也會立起，內臟也能停留在正確的位置。據說骨盤的鬆弛會造成身體各種不適，但只要予以矯正，代謝速度就會提昇，身體的自癒力也會跟著增強。一旦能採取腳往前踢的方式走路，臀部與大腿內側的肌肉也會得到鍛練，身型也跟著得以維持。

走路是件很日常的事，也不太需要特別騰出時間訓練，以我而言，大概就是因為工作或購物出門或是帶狗狗出門散步，才會突然想到要維持正確的走路姿勢而已，但我覺得，能否在如此普通的動作上用心，將造成截然不同的結果。

曾有一份資料顯示，建議老人家塗上口紅，可讓老人家包尿布的機率下降。這份「想要活得美麗」的心情是絕對不容小覷的，不管活到幾歲，只要還想維持美麗的身型，不妨就從現在開始重視自己的姿勢或是走路姿勢吧！

讓自己的生活充滿特有的快樂

常言道「心理與生理互相影響」，西洋醫學在過去的30年裡總算重新檢視這句話，但在中醫的世界裡，這是早在三千年前就提倡的真理。身體輕鬆，心情也跟著愉快，心情平穩，身體的不適也能得到舒解。雖然兩者之間像是雞生蛋、蛋生雞的關係，但注重身體健康的同時，也必須連同心理健康一併重視。

不是說上了年紀的女性都得如此，但就是上了年紀的女性才該保有好奇心，以及擁有幾項能讓自己雀躍的興趣，每天睡覺前想想「明天試試看那件事好了」、「查查看那個是什麼」或是「做做看那個好了」，讓自己保有「等不及天亮」的心情，是一件很棒的事。對我來說，所謂的「那個」就是做做低糖質的麵包或是讀書。每當我沉醉於某件事，就會忘了時間與自己，就連家人也會被我嚇到。不過，這些樂趣能讓體內流動的氣變得順暢，也讓我覺得能平和地度過更年期。

島田小姐提到：「自己的人生就是隨時有本書放在手邊」。只要是有興趣的事物，就會蒐集很多本相關的專業書籍研究……島田小姐正是不斷地重覆這個循環。

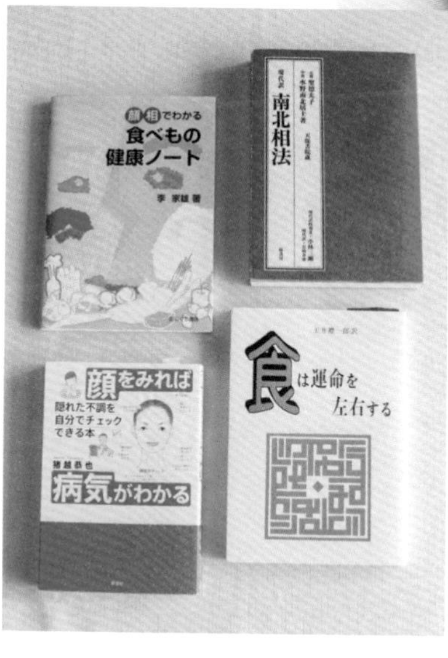

最近有興趣的是食物與健康跟面相之間的關聯性。圖中排放的是江戶中期觀相學大師水野南北與台灣面相診察家李家雄先生的著作。

讓我感到幸福的元素

在針炙院服務時，收到畫家身分的患者送來的結婚禮物。這是從逗子的披露山公園遠眺江之島的風景，島田小姐將它掛在自家的玄關當裝飾。

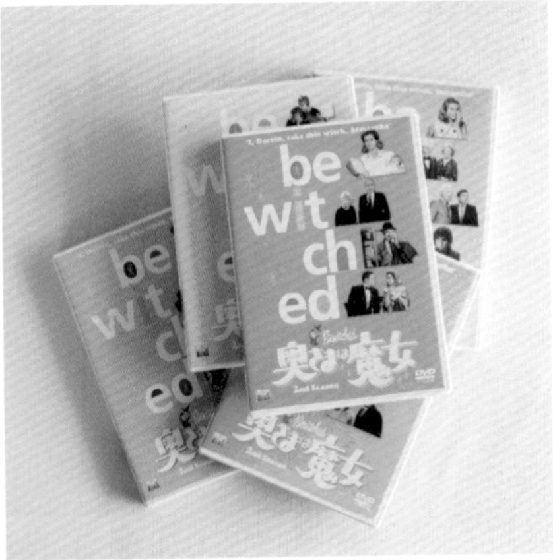

這是小時候重看好幾遍的美國連續劇『神仙家庭』的 DVD 合集。光是看到劇裡那些 60 ～ 70 年代的打扮與室內裝潢就很開心了，很適合在想喘口氣的時候重看。

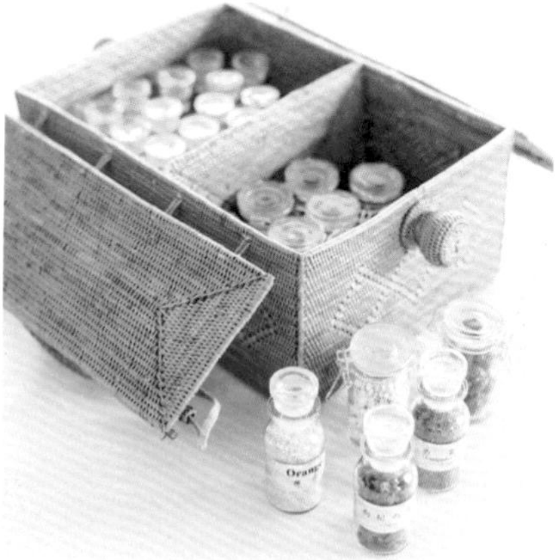

為了實現「廚房藥膳」，而在廚房準備了一套香料組。主要是瓶身可愛的「朝岡香料」，其他則是整批購買的密封瓶。

圖中是一起生活的愛犬「RYU」。除了讓島田小姐的心情得到療癒之外，島田小姐有時也會思考「狗狗的刮痧按摩」與適合狗狗吃的藥膳，然後就會得到很多靈感，所以愛犬 RYU 也是島田小姐重要的家人。

這是印度弦樂器艾斯拉吉琴演奏家兼作曲家的向後隆先生的 CD。從十幾年前就很愛聽這類音樂，之後在因緣際會之下，有機會請向後隆先生為按摩沙龍製作專用的原版 CD。

京の夏を味わう
賀茂茄子
八百広
万願寺とうがらし
伏見とうがらし
賀茂なす

食

Eating

大原千鶴

Chizuru Oohara

生於裡京都知名料理旅館「美山莊」，因自幼幫忙家業而磨練出一手好廚藝的大原小姐。除了以現在進行式的方式體現深奧的京都生活文化，也以親切的態度傳遞料理的樂趣，同時也站在實踐京都生活的立場。大原小姐總是提醒自己「要活用每樣東西的生命」，以「不浪費的生活」為目標的態度也隨時散發著平和穩健與高風亮節的氣息。

自小在距離京都市一小時車程的深山，也就是位於花背的料理旅館長大。老家以環繞在四周的野草與山菜所製作的「摘草料理」聞名，懂事以來就盡可能幫忙山菜的事前處理與捲溼手巾這類家事。到了10歲左右，就負責烹調包含家人與工作人員在內的20人份員工伙食。

剛開始從事料理家一職的時候，也是忙於照顧三個小孩與婆婆的時期。第一份有關料理的工作是與女演員一起到錦市場買食材與解說料理的企劃。幸運的是，當時的報導獲得好評，也因此有許多工作機會上門。在那段辛苦的時間裡，自小學習的料理能得到青睞，也有機會幫上別人的忙，是一件非常開心的事情。原本在外工作的女性因生產或看護家人而回歸家庭之後，通常會覺得自己與外界隔離，我卻能因為工作而保持愉快的心情。能有一處屬於自己的天空真的是件幸福的事。

身為料理家，我最想傳遞的訊息是「與其模仿他人，找出屬於自己的味道才更美味喲」、「料理比想像中有趣許多，希望大家從不同的角度享受料理」，而不是分享瑣碎的技術、珍稀食材的知識與精心設計的食譜。女性的一生因為工作、家事與照顧小孩的交疊而非常辛苦，但是懂得享受料理的人，一定能找到享受人生的方法。只要開始料理，思緒也將變得冷靜沉著，也能讓身邊的人感到喜悅。越動手做，越能了解料理，我一直覺得這就是讓自己變得豐盛與幸福的手段。

50歲近在眼前的我，已不再有所困惑。年輕時，偶爾會為了配合身邊的人做一些「這麼做，應該就沒問題」的事情，但現在的我已能憑直覺判斷「喜歡」或「討厭」，「想做」或「不想做」。我覺得把時間用在迷惘上很可惜，把時間花在無謂的工作或關係也很可惜（笑）。

京都人很愛說「珍惜一切」，但這句話的意思並非節儉或小氣，而是要我們「別造成任何浪費」。在之後的年紀裡，我想脫去身心上多餘的東西，只留下真正必要的東西，過著「珍惜一切的美好生活」。

總是一邊料理，一邊想著下一步的大原小姐。動作裡沒有一絲多餘。大原小姐提到「因為是在每個人都很努力工作的家庭長大，所以自然而然喜歡工作。『能創作出一些東西』是件很令人開心的事」。

和食是合理的料理

或許是因為和食在2013年被世界教科文組織列為非物質文化遺產的關係，許多人希望我「傳授和食」，但讓我有些驚訝的是，這些朋友都誤以為「和食很困難」，因為困難，所以不太想做，或是覺得做起來很麻煩。但就我來看，和食其實是最簡單的料理，理由在於和食屬於「減法料理」。料亭推出的精緻料理當然不算簡單，但是在家裡製作的和食只需要注意「不浪費」這個重點，也只需要最低程度的調味料而已。

我家常備的調味料有薄口醬油、濃口醬油、鹽、味噌、醋與味醂，其他大概就是酒與砂糖吧。我幾乎都是用這八種調味料烹調料理的。許多人會覺得，即便是醋，也必須準備紅酒醋、蘋果醋以及其他種類的醋，但其實「紅酒醋風味」的料理可在醋裡加點味醂來烹調。即便是中式料理的甜麵醬，也只需要以紅味噌、砂糖、醬油與麻油調製。只要善加調配手邊的調味料，就能組合出常見的變化。調味料的備量

日常使用的「水高湯」。將5公克昆布、茶包放入冷水壺後，倒入15公克的柴魚片與2公升的水，再放入冰箱冷藏一個晚上。隔天的味噌湯或料理都可使用這個高湯。

圖中是大原小姐愛用的調味料。即便是自家使用，也不會選購昂貴的調味料。大原小姐提到「即便是在居家附近的商家買到的調味料，也一樣能做出非常美味的料理」。常用的糖則是蔗糖。

若少，使用上的迴轉率就會更快，所以也能避免味道變質，更棒的是，還能輕鬆地組合出「屬於自己的味道」。

而且和食也有很多能用於速食的加工食品，例如豆腐、油豆皮、油豆腐、腐皮、生麩，而且還有竹輪或魚板這類魚漿製品。這些切一切、煎一煎就能吃的東西，可是多得像山一樣呢！而且還有乾貨、燻製、鹽漬、味噌醃漬這類利於保存的食材，只要家裡時常準備，就能隨時吃到這些東西，其他也只需要煎幾條魚、幾片肉，或是切點蔬菜汆燙一下，整桌的菜色就很豐富了。「年紀漸長的我也開始注意熱量的攝取，但是和食只要做得樸素，卡路里就不會那麼高，而且只要嚐過高湯的美味，就不會需要多餘的調味，料理的分量也不用太多。若未嚐過真正的美味，就會希望以高鹽的調味料烘托料理的滋味，否則口腹之慾會得不到滿足，也會不小心吃進超過身體所需的量，反過來說，只要有耐心地熬煮高湯，味蕾也會變得清淨，對料理的滿足度也會跟著提昇。」

熬煮高湯也是一樣，或許有些朋友會覺得煮一大鍋水，把堆成小山一般的柴魚片倒入鍋中，再將柴魚片濾掉的過程很麻煩，所以就乾脆使用高湯粉之類的東西。但是，如果只是在家裡吃飯，「水高湯」就很足夠。水高湯的製作方法非常簡單，第一步是先將切成小塊的利尻昆布以及裝有綜合柴魚片（鯖魚柴魚片、竹筴魚柴魚片，或是一般的柴魚片都可以）的茶包放入冷水壺裡，倒水後，放在冰箱冷藏室一晚即可。要用之前可以先煮沸，但我怕麻煩，所以都直接當成各種料理的高湯使用。「啊～今天想喝好喝的湯啊」的時候，當然還是會先煮一鍋水，耐心地熬煮高湯，但如果只是每日的三餐，水高湯就很夠味。步驟只有放入冰箱冷藏而已，是不是很方便呢？

料理本來就是在各種不同的氣候與文化之中，經過長年累積而成的東西。難得在日本這個國家生活，就不一定非得使用複雜的調味，而是採用當令的蔬菜或漁獲搭配發酵食品（味噌或醬油這類的食材）與高湯，我想，光是這些就能做出非常美味的料理了。高湯、調味料與當令食材，只要掌握這三項基本食材，之後要做出什麼料理都沒問題。所以我才說和食是種「合理的料理」。

大原小姐的居家料理就是京都的「家常小菜」。使用的都是當季食材搭配乾貨或豆製品，而且幾乎都是一下子就能煮熟的食材。京都似乎有在日期有「8」的那天吃海藻製成的「磯香荒布」的習慣。

炊煮的磯香荒布

材料（方便製作的分量）

磯香荒布…15g
油豆皮…40g
胡蘿蔔（切成短片）…40g
沙拉…1 大匙

A 高湯…1/2 杯
　砂糖…1 大匙
　濃口醬油…2 大匙

製作方法

1 先將磯香荒布泡在大量的水裡 20 分鐘，等待泡發。接著抓住上端，再將磯香荒布放在濾網裡，然後換水洗 2 ～ 3 次，將表面的沙子洗掉，再把水分瀝乾。油豆皮則先切成 1 公分寬的短片。

2 將沙拉油倒入鍋中，以中火加熱，再倒入步驟 1 的磯香荒布、油豆皮與胡蘿蔔快速翻炒。倒入食材 A 之後，將火力稍微轉弱，蓋上鍋蓋（留一半的縫隙）悶五分鐘。等到所有食材煮熟，掀開鍋蓋，時不時攪拌一下食材，直到湯汁收乾為止。

炊煮的甜腐皮

材料（方便製作的分量）

腐皮（乾燥）…30g

A 高湯、酒、砂糖、
　濃口醬油…各 1 大匙

生花椒粒（水煮）…1 大匙

製作方法

1 將腐皮泡在水裡泡發，再切成方便入口的大小。

2 將食材 A、生花椒粒倒入平底鍋以中火加熱，煮沸後，倒入腐皮，一邊攪拌一邊熬煮，直到腐皮微微變色即可關火。

高麗菜與九條蔥的醋味噌涼拌

材料（方便製作的分量）

高麗菜…300g
九條蔥…2 根
醋味噌

A 白味噌…5 大匙
　米醋、砂糖、芝麻醬
　　…各 2 大匙
　黃芥末醬（からし）…1/2 小匙

製作方法

1 先將高麗菜撕成方便入口的大小，快速汆燙後以濾網撈起來。放涼後，將水分擠乾。九條蔥也快速汆燙一遍，擠乾水分後再切成 4 ～ 5 公分寬。

2 將醋味噌的食材調勻，再均勻拌入高麗菜與九條蔥。

「樣樣現煮」是在家吃飯才有的奢侈

「家庭料理的最奢侈之處」是什麼呢?對我來說，就是「剛煮好的白米飯」。在家人最想吃飯的時候，端上剛炊好的白飯，可是在家才能做到的事，也沒比這更奢侈的享受了。所以在我家，比起尋找珍稀的食材或者是以繁複的步驟料理，更重視「現煮」這件事。換言之，我們家從不使用保溫或冷凍的白飯，每次都是要吃的時候才開始煮。當然也會逆推烹調其他料理的時間，才能剛好趕上白飯煮好的時間。不管是「現炊」還是「現煎」，我把這一切稱作「樣樣現煮」的料理。當然，燉煮類的料理在靜置一段時間之後，會比現煮的更入味，所以更希望大家把「樣樣現煮」這個概念解釋成「在『最好吃』的時候」享用每道菜色。

所以「分段進行」才如此重要。料理的味道有八成取決於料理順序。我家現在有兩個兒子住在宿舍，所以三個人吃一餐的米量大概是一杯（約150公克）。每次洗米很麻煩，所以我會一次洗三次的分量，然後分裝在小容器裡，這很像是在家

蔬菜可先想像用途再切成塊或切成絲。會煮出浮沫的根莖類蔬菜可泡在水裡備用。體積較大的葉菜類蔬菜則可放在塑膠袋裡保存。大原家的冰箱常備有這些已事先處理過的食材。

自製「無洗米」的感覺。此外，買回來的蔬菜會在第一次準備煮飯時，先全部切一切或是視情況先汆燙或是撒鹽醃漬。煮飯時，若是先思考下一餐再行動，之後的準備就會輕鬆許多，也不太會浪費食材。

我早上爬不太起來，要我一起床就切菜實在很痛苦，但是只要先像這樣分段準備，之後以電鍋的「快煮」功能煮飯（我家的瓦斯爐爐口只有兩個，所以沒辦法用鍋子煮飯，只好改用電鍋煮），再將切好的蔬菜以水高湯煮成味噌湯，接著煎幾條魚、炒幾樣菜，在煮飯的20分鐘裡，就能準備好早餐要吃的菜色。這麼做也能讓要洗的餐具量減至最低（大概只會有鍋子一支、平底鍋一支還有一些餐具），一早就能吃到現煮與現煎這類「樣樣現煮」的菜色，心中會湧現「今天一整天也要好好加油」的活力。

若是被時間追著跑，料理就是件苦差事，而為了避免這種情況發生，果然還是得自行控制局面，分段進行各項作業。只要事先有所準備，在時間上就會從容一些，不管是工作還是家事都是如此，但我覺得料理是訓練凡事分段進行的最佳課程。

料理是種創意

在老家經營料理旅館的父母親教導我的不是精美料理的知識與技術，而是「一草一花皆有其命，別無端浪費它們」這件事。老家信奉的是禪宗的曹洞宗，所以「典座（於禪宗寺院負責日常三餐的職位，被認為是非常重要的角色）」的觀念一直深植於我的家庭之中。讓人吃得津津有味，就是讓食材的生命得以發揮，我的父母告訴我，要讓人吃得津津有味就是需要用心與細心，而這也是料理的神髓。

不需要把料理想得太過困難。比方說，昨天晚上打開我家的冰箱時，發現番茄有點扁扁的，我就會想「該怎麼吃這顆番茄，才能讓它美味變身」，若是生切成沙拉吃，感覺有點冷清，若是切成塊，然後與冰箱角落裡的花枝腳、花枝翅膀一起放入陶鍋，接著鋪上一點蒜片、橄欖油與羅勒再慢慢煮，就煮出無比美味的料理。如此一來，除了吃的我們之外，連原本用剩的花枝、番茄也都能感到幸福。我很喜歡花時間想這些事情，也覺得在這些事情上用心是件快樂的事。光是這種「讓某物得以

不管多有錢，住的房子多麼豪華，「飲食不豐富，就無法感到幸福」，大原小姐如此告訴我們。反過來說，只要稍微花點心思就能掌握幸福的「飲食」，就是讓每個人都能得到幸福的機會。

發揮」的作業就足以讓我心滿意足地覺得「今天也是美好的一天呢」。料理當然是為了家人以及其他所做的東西，但為了得到如此的滿足感，就不能以「被迫做某些事」的心情來做，而是要打從心底覺得快樂再做才行。

料理讓我想到一個過去的小故事。我的弟妹來自金澤，住在金澤的老奶奶每年都會送來自製的「蕪菁壽司」，每年也都吃得津津有味，只可惜老奶奶在幾年前過世了。雖然我試著重現老奶奶的手藝，卻總是做不出同樣的味道，即便過了好幾年仍不禁感嘆「唉，再也吃不到那個味道了」。

每個料理人都是像這樣在某個人的記憶或味覺裡留下自己曾經活著的證據。仔細一想，這還真是了不起的事情呢！明明食譜與食材如此之多，但是即便是在同一個廚房，使用相同的調味料，卻無法重現那個人的滋味，而這也是因為「料理等於人品」吧！就這層意義來看，料理真的是種創意，能創造「生存的價值」與「生存的意義」，也是一項極為愉快的工作。

讓餐桌多點變化的料理道具

我曾被問過：「有什麼料理或廚房道具適合中高年紀的人使用嗎？」不知道大家覺得「甲魚鍋」如何。關東人或許不太熟悉這道料理，但甲魚鍋顧名思義，就是烹調甲魚鍋所使用的淺底陶鍋。在關西，這種鍋子也應用於各種料理，甚至連壽喜燒或涮涮鍋都會使用，尤其適合用來烹調湯汁較少的炊煮類料理。

我常做燜煮蔬菜這道菜。在鍋底鋪一層昆布，倒水加熱至沸騰後，放入大量蔬菜再蓋上鍋蓋。蔬菜的種類會影響燜煮時間的長短，但大概都只需要幾分鐘而已。蔬菜燜熟後，體積也會瞬間減少，所以比起生吃，吃的量可以再多一點。此外，也可以放一些雞肉丸、薄豬肉片或是豆腐一起煮，也能依個人口味準備幾樣調味料與佐味料。只要有這道菜跟白飯，即便是忙碌的日子也能煮出像樣的菜色。而且這道菜是直接把陶鍋端上桌，所以要洗的碗盤也跟著變少，也因為鍋底很淺，坐著就能撈出鍋裡的蔬菜。手邊若有這項廚房道具，除了心情變得愉快，也會覺得輕鬆便利。

去居家附近常光顧的豆腐店、蔬菜店買剛作好的豆腐與新鮮蔬菜，然後直接放入陶鍋煮。「搭配酸橘醋一起吃，真的是人間美味，而且腸胃也沒什麼負擔，身心也跟著暖和起來」。

大原小姐提到決定菜色後再外出買菜與站在收成的蔬菜前面思考「該怎麼料理這些食材」兩者間，「即便是相同的料理，『創意』的出發點卻是截然不同」。真摯地面對食材，是提昇廚藝的一步。

親自下田才懂的「食之真意」

我曾在京都近郊的大原租了一塊田地種蔬菜。那塊10坪大小的農園位於左京區的東北，早期以京蔬菜的產地聞名，後來因故封閉後，我經友人介紹在三千院的旁邊租了另一塊土地。當時可是收成滿滿喲，只可惜現在因為工作忙碌，所以只在親戚的田地裡劃了一塊土地租用，但只要有時間，就一定會親自下田。

在從事農活的過程中，最真切的感受就是「食」這件事的豐富性與嚴峻性。若在一般的家庭，了不起就是要不要買根白蘿蔔的問題，但要是真的親自下田，同一時期可是能收獲20，甚至30根白蘿蔔，所以在思考「該怎麼用這些白蘿蔔」時才發現「早期要怎麼讓同一時間內收成的作物支應一整年，的確是『食』這件事的一大課題」。

現在只要去超市，不管是什麼季節，一整年都能買到各種蔬菜，但在肥料、品種改良、通路都不發達的過去卻不是如此。以白蘿蔔而言，是要做成蘿蔔乾，還是要

做醃蘿蔔呢？在自家田地種大豆的情況也一樣，要先推算全家人一整年的味噌用量，再種下足以應付的種籽量。這種基本的「謀生知識」可從親自下田的過程中理解。

若是種白蘿蔔，在間疏作業摘下來的白蘿蔔苗除了根部好吃，葉子部分也很美味。也可以趁還是小蘿蔔時，品嚐水嫩多汁的當令美味。到開始抽苔為止的期間，不同的時期都有不同的滋味可供品嚐。「該怎麼吃最美味」是一種創意，也是一種無上的喜悅。

更棒的是，內心可清晰地感受大自然的豐富，而不是只用頭腦理解。因為太忙而無法前往農地收成時，蔬菜會掉在地面，而隔年前往一看才發現，這些蔬菜已長出新芽，看到這些新芽都讓我開心地覺得「原來植物就是這樣長大的啊」，也讓我的內心湧現「好，我也要繼續加油！」的想法，進而獲得能量。大自然給予蔬菜、雜草或人類同等的嚴格與豐盛。

去超市買當然輕鬆許多，而且也比較經濟實惠，但是這種無可取代的珍貴體驗，卻只能在田裡才能找得到。

辛苦一天後，晚上喝點小酒獎賞自己

別看我這樣（？），我可是很愛喝酒的呢！幾乎每天晚上都會小酌幾杯，而且不管是啤酒還是日本酒都喜歡，喝葡萄酒的時候，甚至會一個人喝掉一整瓶（笑）。跟家人吃飯時會喝一點，用餐結束後，偶爾也會配點下酒菜喝，有時甚至會喝上兩個小時。下酒菜除了是晚餐的配菜，也可能是醬菜、蔬菜或炊熟的昆布。我通常會事先做好這些下酒菜，喝葡萄酒的時候，偶爾也會把起司或堅果當成下酒菜。

不可思議的是，像這樣喝酒的時候，常常會想到一些有助於工作的點子，例如新的味道混搭或是食材組合。應該是因為心情放鬆之後，就能想到白天想不到的創意吧，所以我才把晚上小酌幾杯的時間命名為「尋找靈感時間」（笑），每到傍晚，我對孩子們或助手說「時間差不多了喲，太陽已經差不多下山了喲」、「我要去尋找靈感了」，都會被他們取笑。

因為想在晚上享受這段放鬆的小酌時間，所以從白天到中午都是全力衝刺。對我

我對酒器有些小堅持，所以常選「口感不錯，又容易倒酒」的款式，有些是藝術家的作品，有些則是土耳其玻璃的古董，或是古九谷的杯子，種類算是很多，有些也會去京都市內的骨董市場找一找酒器與餐具。

來說，晚上的小酌時間就是對「今天一整天都很努力」的褒獎，也是一邊思考「今天工作時，對方對料理很滿意吧」、「工作的進展很順利」、「之後試試看那麼做吧」這些事，一邊獎賞自己的時間，當然也是確認「有沒有被工作追得團團轉？」、「有沒有按照自己的節奏完成工作？」的時間。

相對的，若是覺得「今天不夠努力」，晚上就不喝酒。晚餐也是快點解決，然後又開始工作，同時認真地反省今天的失敗以及做得不好的地方，也思考該怎麼把這些失敗化為成功的基礎。我絕對不會為了忘記失敗而借酒澆愁，因為在這種心情下喝酒，酒一點也不好喝，沒能被好好品嚐的酒也很可憐。只有在樂觀積極的心情下喝酒，酒才會好喝，年紀越長，越是深切的體會這點。

每個人都有專屬的「自我獎賞」，但我覺得鼓勵自己的時間很重要。把自己專用的「Riedel 紅酒杯」擦得透亮，然後對自己說：「今天辛苦了」，再好好享受紅酒，我光是想像這段無比幸福的時光，就能在每天的工作與家事上好好努力。

食量由傾聽「身體的聲音」決定

聽到我說體重從高中時代之後三十年沒變過這件事，大部分的朋友都露出不可置信的表情，當然，長肉的地方變得不一樣就是了（笑），而且生孩子之前也胖了不少，幸好產後沒過多久就回到原本的體重。話說，我自己有讓自己覺得舒適的「標準體重」，若是重了一公斤就會覺得身體很笨重，少了一公斤又覺得很疲勞，總之就覺得不太安心，即便不站上體重計也能清楚察覺體重的變化。一旦上了年紀，太瘦顯得窮酸，太胖又擔心健康問題，所以我覺得生活習慣非常重要。

只要我覺得自己「體重稍微上昇」，就會採行「讓肚子餓三遍再吃東西」的方法減重。即便大腦發出「肚子餓」的訊號，也不是真的處於飢餓狀態，所以我會一邊做家事或工作，一邊等待大腦發出第三次這個訊號。第三次的訊號就是肚子真的很餓的證據，讓自己餓到前胸貼後背再大快朵頤。這個時候吃的東西真的非常美味呢！

只要上了年紀，每個人的代謝都會變得緩慢，所以重點在於別貪吃。食量方面雖要有所節制，但是可吃一些較優質的食物。所謂的優質，也不是說一定要吃高單價的食物，而是簡單地烹調一些當季的食材，然後快點享用的意思。當胃袋挪出一點空間時，身體也比較容易活動，大家不覺得比起「暫時不想再吃東西了」的感覺，吃到「還想再吃點東西」的程度，料理更加美味嗎？當然，年輕的時候絕對是享受把肚子裝滿各種美食的時期，只不過各位不覺得適當的、適量的飲食也是成熟大人才懂的快樂嗎？

過了四十歲之後開始慢跑的大原小姐。一週大概 1 ～ 2 次，沿著居家附近的鴨川沿岸跑步。跑步能讓腦袋放空，所以就算是因為工作與家事而累到不行，也能讓精神為之一振。

正因上了年紀，所以穿上和服

雖然我都穿著和服工作，但都是穿半幅帶*的款式，加上綁好頭髮大概只需要10分鐘，一下子就能穿戴整齊，因為我不想穿得太過繁複，想穿出屬於自己的品味。我想頻繁地洗襦袢*，整理也很麻煩，所以我替每件和服的短袖有領內衣做了「假衣袖」這種替代用的衣袖，每次要穿和服的時候，就把這個假衣袖裝在衣袖裡再穿。若是使用可愛花紋的古裂*做就顯得很時髦，而且與熟稔的吳服店老闆一起挑選各種花紋的布料也是一件很快樂的事。

一提到和服，許多人會覺得「太貴」而望之卻步，但其實上了年紀後，穿和服反而比較省錢。以套裝而言，過了50歲就很難找到平價又好看的款式，而且洋服的剪裁或顏色都隨著流行變化，所以常常會發生「過了3年就沒辦法再穿」的事情。反觀和服，只要真的想穿，穿20年、30年也沒問題。我今天穿的草鞋雖然是15年前買

*半幅帶：和服的腰帶，寬度只有原本的一半。　*襦袢：和服的內衣。

*古裂：在綢、綾這類布料繡上金線的布料。

大原小姐提到，她沒有學過怎麼穿和服，但懂事以來，就一直是穿和服。甚至連一同演出電視劇的女演員都說過「想穿上像大原小姐那樣的和服」，可見只有長期穿著和服，才能散發出如此富有魅力的氛圍。

的，但不知道是不是因為換過綁帶，還是一直都有清洗，到現在還是很好穿。更棒的是，綁帶還能隨著年紀挑選，例如「那條綁帶適合去年的我，但今年的我比較適合換上這個綁帶」。

比起不斷地添購，還不如搭選不同的綁帶來搭配，而且款式不用多，幾款好設計就夠了。只要像這樣越穿越習慣，之後只要一穿上和服，就能展現「專屬自己」的和服姿態。比起年輕女孩，有點年紀的女性穿上和服的模樣更美。不可思議的是，和服比洋服更能突顯每個人的「特殊氣質」喲。最糟糕的情況就是明明難得穿上和服，卻只是「因為是母親給的」或是「因為很昂貴」才穿。若是穿上不適合自己的和服，當然不會快樂，所以重點在於找到「適合自己的和服」。

穿和服的好處之一在於「舉手投足會變得端莊美麗」這點。不管是伸手拿東西、走路不發出聲音或是屈膝正坐這些動作，都會變得十分優雅呢！我一直希望自己成為景色裡的「某種美麗」。這並非希望自己變得搶眼，也不是希望自己變得花俏時髦，而是希望能透過自己的舉止與身影留下美麗的事物。當然，要隨時如此是件困難的事，但女性本來就是柔軟、溫和與美麗的生物，而和服則是能自然地讓女性想起這類特質的衣服。

煮飯時，和服有可能會碰到廚房用具，所以就不綁上帶留＊，也正因為如此，有機會綁上帶留時，心情會變得更加晴朗。 玳瑁造型的帶留是父親送給我的禮物。結婚時為我訂作的疊紙＊上面寫了名字也畫上了家紋。

＊帶留：加在和服腰帶上的裝飾。　＊疊紙：用來收納和紙的包裝紙。

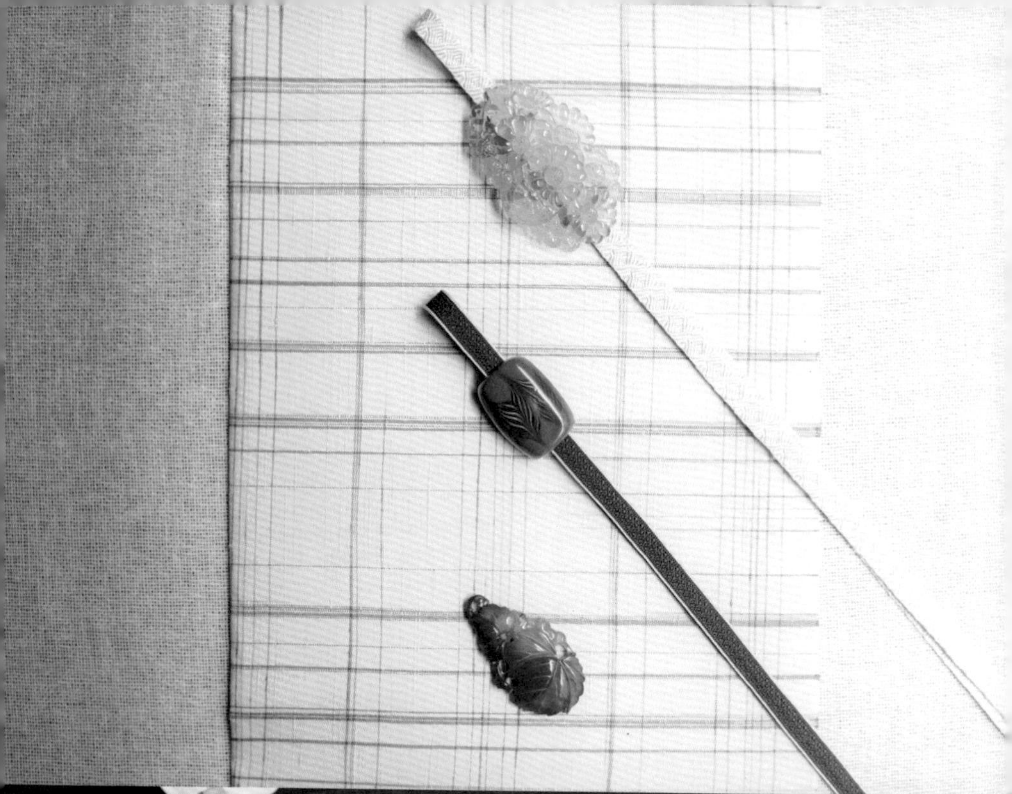

千鶴

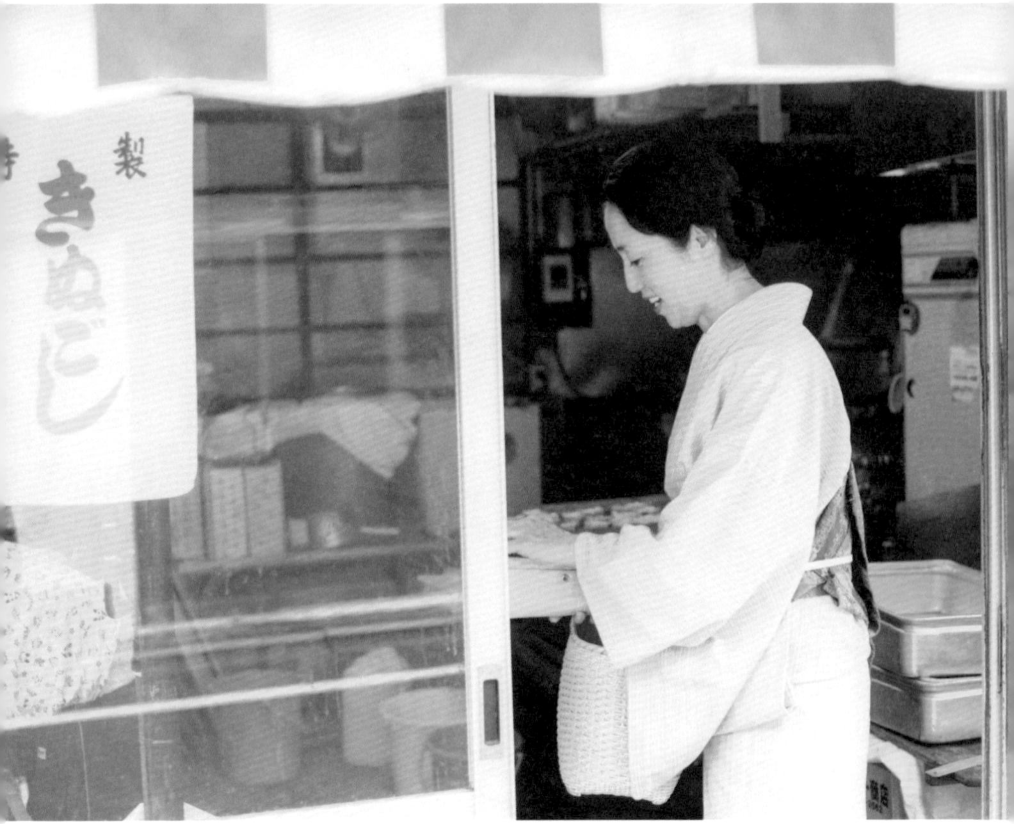

距離自家兩個街區的豆腐店是歷史悠久的豆腐零售店，也有人是單手拿著大碗公來這裡買豆腐的。「今天好熱啊～」、「最近身體健康還好嗎？」聽到這幾句問候，買東西也變得更加快樂。

住在京都的喜悅

若是問我「每天一定會吃的食物」，我家大概就是豆腐與油豆腐吧！在家裡附近常去的豆腐店有兩家，我去其中一家買豆腐與煎豆腐，另一家則專門買油豆皮。京都常被形容為「文化與傳統之都」，但住在京都最棒的事情是「街道的規模恰到好處」這點。

舉例來說，居家附近的蔬菜店總是在早上九點就排出從市場採購而來的各種蔬菜。過了十一點之後，上賀茂一帶的農家們則送來早上現採的蔬菜。這種蔬菜真的是「好東西」，這裡說的「好東西」不是指高級蔬菜，而是雖然有點扭曲、有點小株，但味道卻絕妙的小黃瓜或其他蔬菜，而且價錢真的很平實。而且鎮上還有所謂的「振賣」（農家在街上銷售早上現採蔬菜的機制，也是從江戶時代傳承至今的銷售方法），所以當農家大嬸拉著載滿蔬菜的拖車來到京都的街上，主婦們就一邊閒話家常，一邊跟大嬸買菜。久而久之，主婦們就會與農家大嬸有所認識，農家大嬸

在京都，高明的陶瓷器修復師通常不會推出招牌。即便是有所損傷的陶器，只要加以修繕就能注入嶄新的生命。照片是北嶋博志先生的粉引（酒杯或茶杯），也曾在大原小姐的著作介紹過。

也會努力地「種出好東西」，客人當然也會為農家加油。而這些事情也會成為支撐飲食文化的潛在力量。

京都的另一種魅力則是「職人之街」。以和服為例，除了有各種各樣的和服供客人挑選，售後服務也很健全。若是膝蓋的部分有點磨損，和服店的老闆則會替你把和服的前片與後片對調，如果稍微有點破損，則是會補到看不出來有破洞的程度。負責清洗和服的悉皆店則能徹底將沾在和服上的髒汙洗掉，甚至能把和服拆成原本布料的模樣清洗，就像是本應如此地，為顧客提供講究高品質的服務。就像和服店與悉皆店的職人一樣，其他如製作器皿與相關道具的職人或是造園與蓋房子的職人，不管是任何領域，都有功力深厚的職人們在支撐著京都的街道。每一位職人都戰戰兢兢地面對自己的生活，卻也擁有一份守護文化的驕傲，也透過工作了解鑽研更為高深的技術是一件多麼令人喜悅的事。他們追求的不是華麗，也不是為了銷售高價的奢侈品，能接觸到這些職人的美學主義，真是一件非常開心的事，也讓我的內心變得更為豐富。

不只是京都，我覺得對於人類而言，「住得舒適」不就該是件「本當如此的事情嗎？」，而且京都的街道也教導我真正的「豐盛」是什麼意思。

讓我感到幸福的元素

京都的唐紙老店「唐長」的「雙葉葵色便條紙」。可以像懷紙般放上日式甜點，也能當成便條紙使用，是用途多多的高級和紙。也可以像照片一樣當成鳩笛的底座使用。

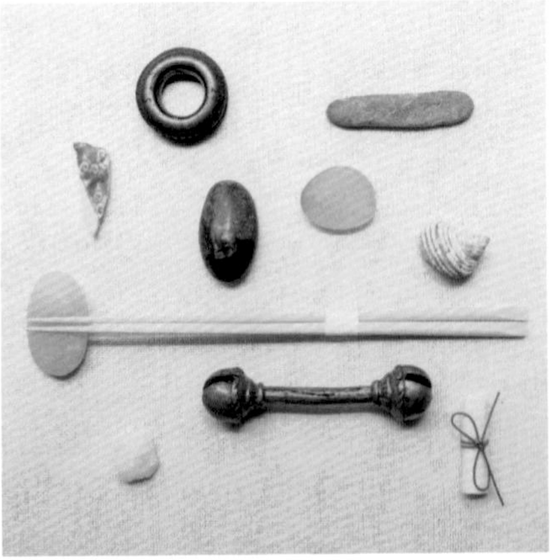

圖中這雙竹製衛生筷「竹一番」即便在用過之後，也讓人想再拿來當成菜筷或公筷使用。可以試著將撿自淡路島海岸的石頭、繫上紅繩的懷紙與陶片當成筷架，與這雙筷子搭配使用。

四年前，三個孩子在母親節送我的手工傘架。「原來他們就是在屋頂做這個啊」。愛心圖案裡寫滿了「給媽媽」的訊息。

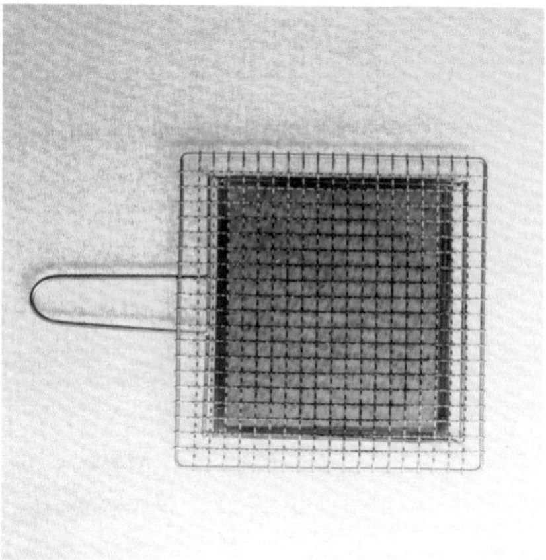

能把麵包烤得香噴噴的「辻和金網」的烤網。也很適合用來烤下酒菜的魷魚。非機械大量生產，由熟識的職人細心製作的美麗網目，是我喜歡它的原因。

這是一直很照顧我的截金（用金箔或銀箔貼出花紋的傳統技藝）師傅江里佐代子贈送的印度更紗的小袱紗。正因為如此精緻，所以才想在日常生活使用。

花

Flower

谷 匡子

Masako Tani

從23歲的長子到小學生的么子，谷匡子小姐一邊養育著三男一女，一邊兼顧插花家的身分。與許多工作人員一同工作，負責諸多事項的她，乍見之下活力滿滿，卻總是以脂粉未施的素顏，自然地面對所有人。投向被花朵圍繞的空間、環境，以及「人」的溫柔眼神與勤奮的工作態度，讓每朵花都能在剎那的生命之中盡情綻放光芒。

若是在大自然的環境下長大，會喜歡花也是極為自然的事。小時候最常玩的遊戲就是編花冠，或是爬到山上，讓小葉舟順流而下，再跑到下游把小葉舟撿起來。有時也會拿著花束去探訪因病未能上課的朋友。小時候常玩土、種花與照顧它們，直到太陽下山才肯罷休。從小我就喜歡待在花身邊，總覺得我從花朵得到了生存的力量。

下定決心從事花卉相關工作之後，就跟在師傅身邊從事助手的工作，同時也慢慢地建立屬於自己的世界觀。1996年設立了「doux 工作坊」。之後也因為先生工作的關係，主要活動地點從長期居住的大阪移到了東京。第三個小孩出生之後，雖然經歷了一段暫時不能工作的痛苦時期，卻被當時年僅8歲的長男大聲地叱責：「我最討厭放棄夢想的人了」，因此與孩子一起去花藝店買材料，或是一邊用腳搖著嬰兒車一邊插花，那真是一段令人懷念的回憶。最終演變成一邊照顧四個小孩，一邊投入插花工作、出書、雜誌拍攝、花卉教室的工作。

如今東京、大阪、名古屋、福岡的工作人員加起來已有20人，感覺上就像是個大

住在栃木縣那須的花農池田展康先生定期會將無農藥的花送來。「我都交由池田先生自行挑選要送來的花。池田先生送來的花都很自然也很美，除了剛剛綻放的花與盛開的花之外，就連枯萎中的花也很美麗。

家庭一般。除了創辦公司也設立工作室，回頭一望，過去一直把沉重的責任攬在自己身上。雖然曾經歷過多次的迷惘、佇足不前與痛苦，但不管何時，只要真摯地面對花朵，花朵總是帶我找到方向。

從事花卉工作真的很不可思議。我一直覺得其實我們對於形狀是否美麗，顏色是否均勻這些事並不重視，而是在意加諸在這些花卉上的「想法」。只要技術純熟，就能照著指導手冊插出各種造型的花卉，但能不能因此而感動別人就是另外一回事了。最後的關鍵果然還是取決於「是否展現了個人特色」。

我一直希望讓花朵能以原本的姿態展現自有的潛力、生命力與溫柔。我希望身為插花師的自己能盡量不受外界汙染，希望能讓花朵以原有的樣貌呈現自有的力量。即便這世界的系統不斷進化，花還是只能透過人手插出生命，我也覺得這是最有人味的行為。

與植物接觸就能重獲活力

從事花卉工作都得一早起床。在凌晨四點到五點左右去花卉市場選購當天花卉是很平常的事。有趣的是，不管前一天多忙多累，看到市場裡整排的花朵，聞一聞它們散發出來的香氣、親手觸摸它們以及沐浴在植物釋放的能量裡，身心就能重新充電，而且腦袋也能重新開機，自然而然地重獲活力。每次經歷這些，都讓我重新體會植物的偉大力量。

1995年阪神大地震發生之後的一個月，我嘗試著創立規模極小的「花之會」。雖然現在的場地已與當時不同，形式也稍有改變，但也是細水長流地持續舉辦。這個花之會收集了花農送來的當季花卉，提供人們接觸這些花卉或是利用這些花卉插花的機會，而且與一般的「花藝教室」也有很大的差異，過程中完全不會教現場來賓「這樣做試試看」、「那樣做試試看」這類技術與規則，只是希望來賓們澄清內心，以自己的想法與花朵接觸。每位來賓的表情在活動的過程中也越來越柔

我愛用的花藝剪刀來自京都老店「安重打刃物店」。雖然已用了快20年，但是定期的研磨與維護，到現在仍非常好用。這是能傳承二代甚至三代的夢幻逸品。

谷小姐的雙手因為時常接觸花草，動作顯得十分輕柔從容，而且沒有任何多餘的動作，插花的步驟也非常簡潔。與其說是與花朵「格鬥」，形容成「親近花朵」更為適合，而每朵花在她手中都綻放出全新的表情。

和。我想，這也是因為接觸到花朵的生命力，重新獲得活力的緣故吧！

「插花＊」等同於「守護花朵的生命」。我的工作就是從種花的人、搬運它們的人手中接下這場花朵生命接力賽的棒子。為花朵選擇最適當的器皿，突顯它們自有的美麗，也讓它們在生命的最後綻放光芒。所以我覺得身為插花家的我們，有責任插活每一朵花。不管是含苞待放的花朵，還是初綻放美麗的花朵，抑或熱情盛開的花朵，每個瞬間都有其無價的美麗，說不定「凋謝」才是最美麗的瞬間。每朵花的生命雖極為短暫，但在接觸它們的生命光芒後，我總覺得獲得了很大的力量。

當我覺得內心疲累時，我就會走進大自然，欣賞花朵最為自然的姿態，或是試著買些花朵來插花，以及放空心思地摸一摸泥土，這些事都能讓我的內心淨化。只要您也願意試試，一定也能實際感受到花朵的力量。

＊插花：在日文裡，插花說成「讓花活起來」。

在狹窄的空間裡也能種植

插花是件很快樂的事。我每天都能從「種植」這件事得到更多的快樂。與向下穩穩紮根，朝著太陽向上穩健成長的植物接觸，對於每天忙得團團轉的人而言，應該是最棒的療癒吧！我一直在尋找附有庭院的工作室，卻一直找不到條件適合的物件，所以只好放棄，但為了應付客戶突如其來的要求，我還是在房子的屋頂闢了一處種植植物的空間，主要栽種綠色植物。而且也在二樓的陽台打造了一處能欣賞四季山中野草的空間。每位訪客望著這處中庭時，都開心得瞇著眼睛說：「這麼狹窄的空間也能種啊？」

我的住家因為停車場的關係，所以只有一處寬度僅50公分，連庭院都稱不上的小花圃，但已經足夠種植植物。我在這裡種的是含羞草、尤加利樹、紫陽花、加拿大唐棣、玫瑰與香草類的植物。一到花開結實的季節，也會聽到人們說：「這裡看起來總是那麼美麗」，有時也會因為植物而帶來與人結緣的契機。

我常被問到有關庭院設計與花圃設計的祕訣，但我通常都回答：「請先從自己喜歡的植物種起」。雖然不一定會順利，但重點在於先試著動手種種看。種植時，沒有任何的規則限制，從花盆開始種也很ＯＫ，只要能從過程中享受種植的樂趣就好。

我常有機會製作結婚花束或一般的花束，而用於製作的綠色植物幾乎都來自院子與工作坊屋頂。小町紫藤、尤加利葉與莢蒾搭配迷迭香、斐濟果與鐵線蘭的藤蔓，都是不錯的組合。我的手邊總是準備了一些能突顯任何季節的植物，除了用來製作花束之外，購買自家用的花朵時，也能利用院子裡的綠色植物加以裝飾，光是這樣就能讓花朵呈現更為豐富的表情。少許的紅花搭配繁多的綠意，即便是狹窄的空間，也能充分感受季節的變遷。

即便細心澆水與用心照顧，稍不注意，難免還是會有植物枯死。種花跟擔心人很像，即便從事這項工作，有時還是會不順利，還是會失敗。但是在花朵盛開的時候，那份喜悅會讓之前的失敗全部消失。一直以來，我總是很享受種花的樂趣，也從多次的失敗之中學到許多事情。

先從一朵花、一種植物著手插花

說到「插花」，許多讀者或許會以為得將各種花材插成華麗的姿態，不過我建議大家先從「一種花」開始，這是最簡單，也最容易著手的方法。讓一種花幽幽地佇立在盤子中央，或是插在小小的玻璃瓶中，就能讓整個空間的表情產生變化。就連想插出較具分量的花時，也建議從「一種花開始插起」。一次使用多種不同的花，會導致「耐活的花」、「不耐活的花」混雜在一起，這時就必須每天換上不同的花，也會比較耗費時間。若只使用一種花，綻放與枯萎的時間幾乎相同，對初學者來說也能在沒有壓力的情況下欣賞花。

插好一種花的祕訣在於依序在手中將它們集成一束，自然地將這些花朵插出花團錦簇的感覺。盡可能讓花朵們展現原有的自然風貌。

我之所以常以「一種花」來插花，主要是希望能原封不同地重現在花田或大自然裡見到的感動。若要表現出花朵在大自然之中，向著太陽盛開的模樣，就必須盡可

上圖是披針葉衛矛、右圖是青葛藤。即便長得不直，即便有些蟲蝕的痕跡，也能插得引人入勝。從這種單枝的綠意開始插起，是進入插花世界的第一步。

能地以花朵原有的姿態插花。建議別過度加工，比起「我想這麼做」的想法，不妨傾聽「花朵應該想變成這樣吧」的聲音。請放棄「非這麼插不可」的感覺，而是抱著「我想讓花朵綻放生命」的心情，引出花朵自有的美麗，才是最棒的插花訣竅。

身為日本人，讓我最感幸福之處在於隨時可在生活之中，體驗四季的豐富之美。天氣轉涼時，能與美麗的楓葉相遇，積雪漸深時，隔年球根的花將以更濃郁的顏色盛開。若是冷熱交替，時而下雨的季節到來，庭院裡的樹木與花朵所散發的氣息也會跟著轉變。隨著年紀的增長，這些看似理所當然的事情都轉換成莫大的喜悅與快樂，也讓我漸漸覺得沒有什麼樂趣比插花更為奢侈了。從物換星移的外在景色剪下一朵花、一種植物，並將它們納入自己的生活裡也是一項極為簡單，誰都能一試的娛樂。

再者，對我而言，面對花朵的時間也是面對自己的時間。放下多餘的心念，為了插活一朵花而準備花器與倒水，然後將花朵與花器擺飾在適當的場所。在我心目中，這一連串的步驟也是整理內心思緒的行為。

這種器皿也能成為花器

花朵與器皿之間存在著一種襯托彼此的夥伴關係。平常以來，比起俗稱的「花器」，我更能從其他的器皿感受到魅力，例如咖啡歐蕾碗搭配高腳花盆、注水壺、有蓋陶器、陶缽都是其中之一，即便是馬克杯的容器，我也覺得很美。我最推薦的是酒杯。左頁上方照片從左數來第二個玻璃杯是在古董店以1500日元左右的價錢找到的東西。有了腳，就有立體感，即便只是插入雜草，也自有一番不可思議的風情。室內裝潢專賣店銷售的「花器」在造型上似乎有些侷限感，所以從這麼小巧的容器開始插花比較輕鬆，相對的也會覺得花朵就活在我們身邊。

一旦放下對器皿的成見，插花也變得更加輕鬆。或許有些朋友對於把餐具當成花器使用這點感到反感或是在衛生方面有疑慮，不過，若以「最近這個餐具不太常用，拿來插花會有什麼效果」的嶄新視點檢查碗櫥，一定會有新的發現才對。

把老舊的佐料罐、酒杯、威士忌酒杯這些容器排在一起後，光是插入一根雜草，就形成另一個世界。 常當成花器使用的注水壺都常購自古董商或陶藝家之手。

在法國古董八角內圓盤倒滿水，再裝飾一片睡蓮葉。即便是這麼平凡的盤子，在谷小姐手中也是一種「花器」。谷小姐似乎常常將摘除花莖的花朵放在盤裡的水面，裝飾成「浮花」的形式。

可在家中何處插花？

家中何處適合擺花呢？在茶花（指的是在茶道的世界裡，在茶室插花的意思）的世界裡，花朵彰顯的是「迎人」的精神。在訪客到來之前先打掃房子，然後插花。接著在玄關灑水、點香，再在花朵上面噴點霧水，藉此展現「恭候大駕」的態度。這就是日本人的心，也是款待之情。擺花的位置等同於取悅訪客的場所，例如一開門就映入眼簾的玄關或是待客之用的客廳都可擺花。在洗手台或化粧室擺一朵香氣四溢的花，也是非常棒的一件事。在思考動線之後，不著痕跡地擺花是很美妙的做法。

像這樣「為了他人」插花當然很棒，但我一直認為「為了自己」插花也非常重要。將用心栽培的花、重要的人送來的花與用於獎賞自己的花擺飾在家中最重要的位置是件很美的事。

基於待最久的這個理由，我家擺飾花的地點就在廚房，不過呢，廚房常會用火，

谷小姐常把工作用剩的花材從工作坊帶回家，當成家中裝飾。谷小姐提到：「擺飾在廚房的花很適合憑直覺三二下地輕鬆插好」。

所以溫度常會上升，是不利花朵久放的位置。即便如此還是擺花的原因，是因為我想隨時看到每朵花的變化，例如「花開的瞬間」或是「顏色變化的那一刻」。例如貴氣滿開的芍藥花會在某天、某個瞬間驟然綻放，但是當你以為它已經綻放了，卻又毫不留棧地乊然凋零。雖然它是很敏感的花，但為了欣賞它凋謝之前的每一瞬間，我才常常把它擺在廚房裡。廚房有了花，煮飯的時候，心情也會變得富饒，而且也因為待在廚房的時間最久，所以才能隨時欣賞它，照顧它。換水也很輕鬆，也絕不會忘記換水。

插花之後，請不要就此置之不理，而是要負起責任，照顧它直到最後一刻。我總想，花朵就像孩子一樣，一如孩子不在自己房間讀書，而是在客廳溫習功課與準備考試一樣，「花朵也很想被大家欣賞吧」。插好的花也是家中成員之一，與所有家人待在相同的場所，才能綻放最耀眼的光芒。

贈花的喜悅

我身邊有許多品味不凡的女性朋友，也都是我的人生前輩。不知道是否因為年紀漸長，服飾與手邊的小東西也跟著增加，她們其中有很多位都決定「不要再增加任何服飾或小東西」，所以當我打算送她們禮物時，都是用當季的花製作的花束。雖然是無法留存，終將消逝的花束，卻能傳遞那剎那的美麗，而且「那時的花原來是這樣啊」的這類回憶也常能留在腦海裡，能累積這類回憶也是一件很美好的事。

我將手作的花束當成禮物送人的時候，會盡可能使用自己栽植的花，也常會故意加一些稍微少見的花，並且將花的名字全列在卡片上，一併送給對方。由於是自己種植的花，對於每種花的習性、耐久性或香氣自然胸有成竹，所以總能送對方適合的花。參與慶祝會或是前往看病時，就會挾雜一些花語適當的花，若有必要，還會附上澆水的方法，以便讓花能活久一點的說明。

向花店訂製花束時的重點在於要根據受禮對象年齡、性別、喜歡的花與顏色、用

從屋頂的花園摘下迷迭香、斐濟果、小茴香、鐵線蓮這類植物，在短時間內快手綁成「綠色花束」。「對於習慣收到玫瑰那類華麗花束的人而言，收到這種花束一定會很開心的」。

途選擇，同時要思考「是要綻放瞬間美麗的花，還是要能活久一點的花」，然後再想想花束所散發的印象是要「高雅大方」還是「簡單淳樸」，抑或是要「鮮嫩欲滴」還是「豔麗奪人」。雖然每個製作花束的人對這些詞彙都有自己的解釋，但多提供一點受禮者的資訊絕對沒錯。

平常與品味值得信賴的花店有些來往也很不錯，只要口袋裡有這類花店的名單，就能讓自己的品味有所提昇，也能更了解有關花卉的知識，之後若能憑著「若要購買大量使用園藝植物這類綠色系花卉就選這間店」、「要做出華麗而充滿女人味的花束就非這間莫屬」的感覺，依用途選擇適當的花店，「送花」這件事一定會變得更加有趣。若能找到符合品味的花店，送花時也能多幾分喜悅。

此外，偶爾「送自己花束」也是件很棒的事。想必大家在旅行時，都會送自己一些衣服或首飾，當作自己努力的獎賞，不過在之後的年紀裡，「花錢讓自己的內心更加豐潤」是最棒的獎賞。年輕時，送自己花是件難得的事，而在這個年紀送給自己的花，則是珍愛自己的禮物。

讓五感放鬆舒適的生活道具

從日常生活我就一直覺得，人生最重要的事就是「每天放鬆地生活」，豪宅或是名牌物品都只是追求不完的奢侈。「大家打從心底想要這些東西嗎？」當我回想這個問題，腦中也出了許多問號。比起這些外在的東西，我覺得一朵散發著療癒氣息的花朵更加珍貴，與家人親友一起悠哉地吃飯，聽聽喜歡的音樂，看看想看的書，享受沉靜的時間更加重要，而且也能在身上配戴一些清香舒適的東西生活。這些事情總讓我覺得無比幸福。

去年做了一個小嘗試，我們的工作坊設立了所謂的開放日，歡迎任何人自由參觀，而我也提出一些能讓生活變得更愉快、更豐富的精緻小物，例如器皿、毛巾、香氛精油蠟燭、肥皂這類東西，甚至還推出點心、咖啡、包包、飾品這些讓心靈更為豐潤的物品。這些都是我實際使用過，也覺得很棒的東西，除了都是手工製作之外，也都是在日常生活之中使用，就能讓五感變得歡愉的東西。

Triple Milled Fine Soap
Superior

這是在工作坊銷售的「Savonneries Bruxelloises」肥皂以及今治「Kontex Premium」的毛巾。工作坊挑選這些物品的基準是「試用各種產品之後，脫穎而出的好東西」。

例如，比利時生產的護手肥皂（198頁的照片）。這是我的好友多次親自參訪比利時工廠，從原料到香味乃至於包裝，一手精心企劃的東西。除了使用有機素材，也使用了製作巧克力的「三重研磨」特殊製法，所以泡泡的質感非常細緻細密。由於是固態的肥皂，所以能有如此高的品質，香氣與作為原料的保溼精油也有不同種類可供選擇。除了可洗手，當然也能洗臉或身體，我都拿這個肥皂當成洗髮精使用（潤絲則使用其他有機的市售品）。從事花藝工作容易讓手變得粗糙，年輕時總是忙於工作，但自從開始使用這個肥皂後，就不再需要護手霜，而且每天一到洗澡時間，心情就變得非常悠哉優雅。年輕朋友也當然可以使用這種肥皂，但我特別推薦與我年紀相仿的朋友使用。

不僅是我，工作坊的工作人員也在每天的生活之中調理身體，讓自然與心情的節奏一致。一旦內心沉靜，就能插出美麗的花。朝氣十足的人所插的花，自然而然會散發滿滿的活力，但是當插花師的身心疲弱，花也會散發同樣的氣息，所以利用讓五感舒適的生活道具舒緩身心，讓身心得到平靜，是插花所需的療癒過程。

喜歡日本的古董

自家與工作坊的家具、當成花器使用的器皿幾乎都是古董。老家本來就有很多老東西，每次回家都會帶走一些五斗櫃、桌子、器皿與餐具，心裡所想的都是「希望有朝一日能與花搭配使用」。之前在插花指導老師的府上學習時看到許多貴重的古董，在耳濡目染之下，讓我想接近這個令人憧憬的世界，所以也希望自己能憑著自己的想法找到與花朵搭配的東西。看似樸素的一花一草，一旦與具有歷史感的物品搭配後，周圍似乎凝結著特別的空氣，每次插花，都讓我有嶄新的驚奇。

工作坊的桌子、椅子、擺飾架、小斗櫃這類雜貨類家具都是在東京富谷的古董店「DOUGUYA」找到的東西。從明治時期到二次世界大戰之後，這家店專門銷售源自日本的家具與生活雜物，販售著不同於一般「日式家具」印象、自成一格的物品。我也特別喜歡這家店的品味。越是上了年紀，越常覺得源自日本的東西很重要。

椅子與桌子都是源自日本的經典。桌子原本是漆面的，隨著漆面剝落，露出了底下的木紋。椅子則是替座面重新換了一張白布。歲月累積的痕跡與花朵自然地互相映襯。

新東西一有刮痕，當然會很在意，但若是舊東西，刮痕反而造就了品味，也是「這裡曾經有人生活的證據」。舊東西之所以令人感到溫暖，是因為它們曾經無私地包容了人們努力生活的模樣。以花器為例，缺損的部分與釉藥的剝落程度雖然都是歲月的痕跡，但是當我看著這些痕跡插花時，我都會思考「該如何活用這些痕跡」，而在思考過程中的我是非常快樂的。歲月造就的質感藏著柔和的趣味，也與植物非常投契。

因為工作關係，我收集了許多舊東西，但總有一天，我會俐落地放開它們，將它們交付到下一位使用者的手中。我希望自己在世上的最後一天，能像德蕾莎修女一樣，手邊只有兩件簡單的衣服，不過現在的我，還在人生的道路上。

古董具有獨一無二的特性，所以往往一錯過，就難再有緣解逅，這也是為什麼每次的相遇都會產生故事。花也一樣，雖然我長年待在花朵身邊工作，卻很難再次遇見與某一年或某一季相同的花。光是佇立在某個角落，凝聚在花朵周圍的空氣就驟然而變……這股力量或許也是古董與花朵的共同之處。

就連在工作坊深得我心的小斗櫃也是日本製造的，特別喜歡在塗覆的漆剝落之後露出的質感。「經過歲月的洗練後，與其說是日本製造的東西，不如說是有種不分國界的感覺，這實在是件不可思議的事」。這也是在「DOUGUYA」找到的小斗櫃。

日記是自我的反問

寫日記這件事大概是從半年前開始。不久之前，我去拜訪一位原是工作夥伴的朋友，拜訪的原因是因為某位在花藝職場值得尊敬的朋友過世，而這件事成為我想開始寫日記的契機。聊天時，這位原是工作夥伴的朋友告訴我，過世的這位朋友雖然生活忙碌，卻持續寫了七年日記這件事，也同時告訴我：「雖然還沒辦法從悲傷之中振作，但看了她留下的日記後，才了解至今不曾了解的她，也從中獲得繼續走下去的動力」。於是在回家的路上，我也買了本日記本。

我通常在睡前一天結束之際寫日記，寫的都是這天發生的事情而已。當我試著問自己：「為什麼要把這些事寫進日記？」，就會察覺「原來我想面對藏在內心深處的自己」。如今這個時代，網路與社群網站都非常發達，我覺得向外界發佈「我就是這樣的人」的比重也越來越高。我知道網路與社群網站都有其用途，而且有時也很重要，但我對這方面實在不太擅長。我不太會去深入思考開始一件事的理由。現

這是「Moleskine」的日記本以及老公送我的「百樂牌」鋼筆。「人生會遇到很多事情，但是希望能將困難轉換成創意，並抱著『就結果而言，能遇到這些困難真是太好了』的想法生活下去 」。

谷小姐提到：「花朵一副悠然自在的模樣與散發著插花師個人氣質的姿態最是美麗」。比起顏色與形狀的均衡，被賦予的這些想法更是重要。選擇插什麼花很像是選擇怎麼過生活一樣。

在想做什麼，現在想怎麼做，我總是憑著直覺走向讓我感到雀躍的那條路。所以我才想將自己每天對於事物的感受以及對生活的想法記錄下來。

雖然現在與工作人員思考該如何推動「DOUX」工作坊的工作，就得耗掉大半天的時間，但我希望從今往後能將自己的一些角色分攤給工作人員們，讓自己重新回到起跑線上，騰出更多的時間面對花朵。這就是我現在的目標。可惜現在的生活太忙，有許多事情想做卻沒時間做，許多事情也出乎意料之外，不過，不就是在這種時候將想法一點一滴寫在日記裡，才能從中找到回歸初衷的線索嗎？

會有這種想法是最近的事。在40出頭之前，我習慣一早先將「今天該做的事情」列出來，然後每做完一件事，就在旁邊打個勾，但到了50歲之後，比起「該做的事」，我更想過能陸續實現每件「想做的事」的生活。因此我總是希望在腦袋裡整理出「自己想做的事情」。「寫下的願望」是通往未來的路標，也是幫助自己到了幾歲都能擁有志向、追逐夢想、挑戰全新自己的準備。

讓我感到幸福的元素

這是從鄉下來到東京的時候，用盡儲蓄所購買的「Nicon FM2」。對於拿著這台相機拍攝的花卉照片四處推銷自己的谷小姐而言，這台相機是她職業生涯的起點，也是一邊常伴身旁的夥伴。

小物作家磯部祥子製作的眼枕，裡頭放了紅豆與香草。紅豆那恰到好處的重量與柔和的清香，有著卓越的舒壓效果。在疲勞的日子裡，睡覺之前放在眼睛上面敷一下，感覺整個人放鬆不少。

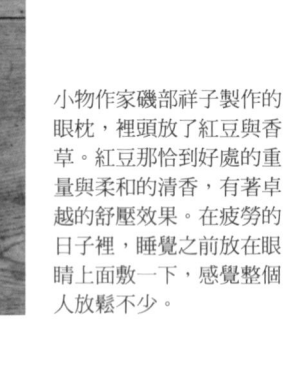

這是整脊師傅介紹的有機精油，可直接抹在皮膚上，能有效緩解肩膀僵硬與燒傷，也能有效改善蚊蟲咬傷、喉嚨痛這些症狀，谷小姐常把這種精油當成緊急的急救工具使用。

這是在古物店找到的二手放大鏡。出現老花眼的症狀時，讓谷小姐有點沮喪，但使用這項工具之後，閱讀也變得輕鬆許多。她提到：「當成墜飾好像也蠻漂亮的」。

這是從家裡到工作坊的必經之路，也是綠意盎然的一條路。雖然直線穿過住宅區的小路會比較快到工作坊，但谷小姐寧可繞點遠路，沿路欣賞自己鍾愛的一草一木，一邊享受四季變遷的自然之美，一邊散步去工作。

享受生活就是為人生增彩

——結語——

採訪在不同領域活躍的五位對象後，
發現她們各有自己的辛苦，
也都有過苦苦掙扎的過去。
但採訪的每一位都散發著「堅毅穩健」的印象，
她們絕非女強人，卻都正面迎擊困難，樂觀看待人生，
而這份堅強源自日復一日的生活累積。

「喜歡料理的人，就能培養出享受人生的力量」大原小姐如此提到。

「接觸花朵的生命力，重新獲得活力」。
谷小姐也說過這樣的話。
品嘗生活裡各種樂趣與豐富的態度，
正是支撐人生的支柱。

將房間裝潢成屬於自己的模樣，對時尚多一分敏感。
愛惜自己的身體，與自然多些接觸，
在日常的料理之中稍微下點工夫。
就等於是在生活中不斷進行「小挑戰」
以及不斷地「享受生活」。
而這就是年復一年，
因豐富而美麗的成熟過程所告訴我們的一切。

TITLE

愛上今後的優雅生活

STAFF

出版　瑞昇文化事業股份有限公司
編著　X-Knowledge Co., Ltd
譯者　許郁文

總編輯　郭湘齡
責任編輯　黃美玉
文字編輯　莊薇熙　黃思婷
美術編輯　朱哲宏
排版　曾兆珩
製版　大亞彩色印刷股份有限公司
印刷　桂林彩色印刷股份有限公司

法律顧問　經兆國際法律事務所　黃沛聲律師

戶名　瑞昇文化事業股份有限公司
劃撥帳號　19598343
地址　新北市中和區景平路464巷2弄1-4號
電話　(02)2945-3191
傳真　(02)2945-3190
網址　www.rising-books.com.tw
Mail　resing@ms34.hinet.net

初版日期　2017年3月
定價　350元

ORIGINAL JAPANESE EDITION STAFF

取材・文・構成　田中のり子
撮影　中川正子
デザイン　細山田デザイン事務所
本文DTP　Lingwood
編集　別府美絹（x-knowledge）

國家圖書館出版品預行編目資料

愛上今後的優雅生活 /
X-knowledge Co., Ltd.編著 ; 許郁文譯.
-- 初版. -- 新北市 : 瑞昇文化, 2017.02
216面 ; 21 X 14.8公分
ISBN 978-986-401-149-0(平裝)

1.生活指導 2.女性

177.2　105024606